D1723756

Poiana Edizion
VIAGGI

ALBANIA

UNA VACANZA MAGNIFICA ED ECONOMICA
CON IMMAGINI, ITINERARI E SUGGERIMENTI

*GUIDE TURISTICHE DI VIAGGI
ALLA SCOPERTA DEL MONDO*

2023 © by Poiana Edizioni
Revisionato da: Francesco Pirritano
Formattazione grafica: Mariafrancesca Capoderosa

Sommario

1 Benvenuti in ALBANIA!

Benvenuti in **ALBANIA**, un paese affascinante situato nella parte occidentale dei Balcani. Con una ricca storia, una cultura vibrante e paesaggi mozzafiato, l'Albania è diventata una meta turistica sempre più popolare negli ultimi anni.

L'Albania è un paese situato nella regione dei Balcani, al confine con il Montenegro, la Serbia, la Macedonia del Nord e la Grecia. Affacciato sul Mar Adriatico e sul Mar Ionio, l'Albania vanta una costa spettacolare con spiagge incontaminate e baie pittoresche. L'entroterra del paese è caratterizzato da montagne imponenti, valli fertili e fiumi suggestivi.

La storia dell'Albania risale a migliaia di anni, con tracce di insediamenti umani sin dal periodo neolitico. Nel corso dei secoli, il paese è stato influenzato da varie civiltà, tra cui quella romana, bizantina, ottomana e comunista. Oggi, l'Albania è una democrazia parlamentare in rapido sviluppo, che conserva ancora tracce della sua ricca eredità storica e culturale.

La cultura albanese è un mix affascinante di influenze orientali e occidentali. La popolazione albanese è conosciuta per la sua calorosa ospitalità e accoglienza verso i visitatori. Gli albanesi sono orgogliosi della loro identità nazionale e delle tradizioni locali, che si riflettono nella musica, nella danza, nell'artigianato e nella cucina tradizionale. La lingua ufficiale è l'albanese, una lingua indoeuropea unica nel suo genere. Tuttavia, molte persone parlano anche l'inglese, soprattutto nelle principali città turistiche.

Clima e periodo migliore per visitare l'Albania

L'Albania gode di un clima mediterraneo con estati calde e secche e inverni miti e piovosi. La temperatura media estiva varia tra i 25°C e i 30°C, mentre in inverno si aggira intorno ai 5°C.

Il periodo migliore per visitare l'Albania è durante la primavera (aprile-giugno) e l'autunno (settembre-ottobre). Durante questi mesi, le temperature sono moderate, i paesaggi sono rigogliosi e le folle dei turisti sono meno numerose. Se desideri goderti il mare e le spiagge, l'estate (luglio-agosto) è un'opzione, anche se potrebbe esserci un afflusso maggiore di visitatori.

2 La lingua albanese

L'Albania vanta una caratteristica linguistica straordinaria: la lingua albanese. Questa lingua indoeuropea unica è rimasta fedele alle sue radici antiche per migliaia di anni, rendendola una delle poche lingue sopravvissute dell'antica lingua illirica.

L'albanese è considerato uno dei rami più antichi della famiglia linguistica indoeuropea e si ritiene che abbia radici profonde che risalgono a tempi preistorici. Ciò significa che l'albanese ha una storia linguistica unica e una ricchezza di termini e espressioni che sono stati tramandati attraverso i secoli.

Ciò che rende l'albanese così speciale è il suo isolamento linguistico. Mentre molte lingue indoeuropee hanno subito influenze e cambiamenti significativi nel corso del tempo, l'albanese è rimasto relativamente intatto. Non ha subito molte influenze esterne, il che lo rende un tesoro linguistico e culturale unico.

La lingua albanese ha anche una caratteristica interessante chiamata "isoglossa", che significa che l'area in cui si parla l'albanese è delimitata da confini geografici specifici. Questo significa che l'albanese viene parlato principalmente in Albania, ma anche nelle regioni confinanti del Kosovo, della Macedonia del Nord e del Montenegro. L'albanese è una lingua che porta con sé l'eredità dell'antico popolo illirico, che abitava queste terre secoli fa. È una lingua che ha resistito al tempo e ha permesso agli albanesi di preservare la loro identità culturale e linguistica unica.

Per i visitatori stranieri, l'albanese potrebbe sembrare una lingua misteriosa e affascinante, ma imparare alcune parole e frasi di base può essere un modo per immergersi nella cultura albanese e per apprezzare la sua storia e le sue radici antiche.

3 Bandiera dell'Albania

La bandiera nazionale dell'Albania è uno dei simboli più riconoscibili del paese. Essa consiste in uno sfondo rosso brillante con un'aquila nera al centro. Questo design distintivo è carico di significato e riflette l'identità e i valori del popolo albanese.

L'aquila raffigurata sulla bandiera è conosciuta come aquila bicipite e rappresenta un potente simbolo di forza e libertà. L'aquila bicipite è un motivo ricorrente nella cultura e nell'arte albanese ed è presente anche negli stemmi di altre nazioni balcaniche, come Serbia e Montenegro. Questo dimostra il legame storico e culturale tra queste nazioni.

L'aquila bicipite è un simbolo antico che risale all'epoca dell'Impero romano e dell'Impero bizantino. Per gli albanesi, l'aquila rappresenta l'indipendenza, il coraggio e la determinazione nel difendere la propria terra e la propria cultura.

Il colore rosso intenso dello sfondo della bandiera rappresenta il coraggio e il sacrificio del popolo albanese. È un richiamo alla storia del paese, che è stato spesso impegnato in lotte per l'indipendenza e la libertà.

La bandiera albanese con l'aquila bicipite è diventata un simbolo di orgoglio nazionale e di unità per gli albanesi, sia all'interno che all'esterno del paese. È esibita con grande rispetto e viene spesso sventolata durante eventi sportivi, celebrazioni nazionali e altre occasioni speciali.

La presenza dell'aquila bicipite sulla bandiera nazionale dell'Albania trasmette un senso di identità e appartenenza per il popolo albanese, unendo tutti i cittadini sotto un simbolo comune di patria, libertà e orgoglio nazionale.

4. Ospitalità

La cultura dell'ospitalità è un tratto distintivo della società albanese. Gli albanesi sono noti per la loro generosa accoglienza e calda ospitalità, che sono radicate nella loro cultura e tradizione.

Quando si visita l'Albania, è comune sperimentare l'affetto e l'ospitalità degli albanesi. Gli ospiti sono considerati una benedizione e vengono accolti con grande entusiasmo e gentilezza. È consuetudine offrire cibo e bevande agli ospiti, anche se si tratta di visite brevi o informali.

La tavola è un elemento centrale nell'ospitalità albanese. Gli albanesi sono soliti preparare abbondanti pasti per i loro ospiti, mettendo in evidenza la ricchezza e la varietà della cucina tradizionale. Le specialità locali vengono preparate con amore e condivise con gioia, permettendo agli ospiti di gustare le prelibatezze della cultura gastronomica albanese.

Ma l'ospitalità albanese va oltre il cibo. Gli albanesi sono conosciuti per la loro cordialità, disponibilità e desiderio di fare sentire gli ospiti a proprio agio. Gli stranieri che visitano l'Albania spesso si sentono accolti come parte della famiglia, con l'opportunità di immergersi nella cultura locale e stabilire connessioni autentiche con la gente del posto.

L'ospitalità in Albania è un valore profondamente radicato nella cultura del paese. È considerata un segno di rispetto, generosità e umanità. Gli albanesi sono orgogliosi di mostrare la loro cultura e tradizione agli ospiti, condividendo le loro storie, usanze e folklore.

Ospitalità

Questa cultura dell'ospitalità si riflette anche nel modo in cui gli albanesi si prendono cura degli altri, specialmente nelle comunità più piccole e nelle zone rurali. Le persone sono pronte ad aiutarsi reciprocamente e a mostrare gentilezza verso i loro vicini e gli estranei in cerca di assistenza.

L'ospitalità albanese è una testimonianza della natura aperta e accogliente del popolo albanese. È un valore che viene trasmesso da generazioni, un modo di vivere che permea le relazioni umane e arricchisce l'esperienza di coloro che visitano il paese. Attraverso la loro calda ospitalità, gli albanesi dimostrano il loro desiderio di connettersi con il mondo e di creare legami duraturi con coloro che attraversano le loro terre.

I Kanun

I Kanun rappresentano un aspetto affascinante e unico della cultura albanese. Si tratta di antiche leggi e tradizioni che governano la vita sociale, familiare e giuridica, e che hanno radici profonde nella storia e nella tradizione del popolo albanese.

I Kanun sono stati tramandati oralmente da generazioni, passando da padre in figlio, e ancora oggi influenzano le dinamiche sociali e culturali in alcune regioni rurali dell'Albania. Essi offrono un quadro di regole e norme che disciplinano vari aspetti della vita quotidiana, tra cui il matrimonio, l'eredità, la vendetta e la risoluzione dei conflitti.

Un elemento chiave dei Kanun è il concetto di "besa", che rappresenta l'onore e la lealtà. La parola "besa" è considerata sacra e rappresenta un impegno solenne e incondizionato per mantenere la parola data e rispettare gli accordi presi.
I Kanun possono variare leggermente da una regione all'altra e sono spesso interpretati e applicati in base al contesto e alla tradizione locale. La loro influenza è più evidente nelle comunità rurali, dove le tradizioni sono conservate con più forza rispetto alle aree urbane.
È importante sottolineare che i Kanun rappresentano una parte specifica della cultura albanese e non sono applicati in tutto il paese. Negli ultimi decenni, con l'avanzamento della società e la modernizzazione, l'influenza dei Kanun è diminuita, soprattutto nelle aree urbane, dove le leggi nazionali hanno preso il sopravvento.

Tuttavia, i Kanun sono ancora considerati un elemento prezioso della cultura e della storia albanese, e sono studiati e preservati per mantenere viva la tradizione. Gli studiosi e gli antropologi hanno dedicato tempo ed energia per documentare e comprendere i Kanun al fine di preservare questa importante eredità culturale per le future generazioni.

In definitiva, i Kanun rappresentano un aspetto unico e affascinante della cultura albanese, testimoniando l'importanza dei valori tradizionali e la loro influenza nel modellare le dinamiche sociali e culturali nelle comunità rurali dell'Albania.

5 La Riviera albanese

La Riviera albanese è una delle mete turistiche più famose e affascinanti dell'Albania. Si estende per oltre 200 chilometri lungo la costa ionica, incorniciata da montagne imponenti e bagnata da acque cristalline. È conosciuta per le sue spiagge sabbiose, le baie nascoste e le località costiere vivaci che offrono un'ampia gamma di attività e svaghi.

Durazzo:
Con le sue spiagge sabbiose e il suo lungomare vivace, Durazzo è una delle città costiere più amate in Albania. Qui è possibile rilassarsi sulla spiaggia,

esplorare il castello di Durazzo e visitare il famoso anfiteatro romano. Una città ricca di movimento, locali, pub e discoteche che la rendono la meta ideale anche per chi piace la vita notturna.

Saranda: Situata sulla Riviera albanese, Saranda è una delle mete balneari più popolari. Le sue spiagge sabbiose e le acque cristalline invitano a lunghe giornate di relax e bagni rinfrescanti. Saranda è anche un punto di partenza ideale per visitare l'antica città di Butrinto, un importante sito archeologico.

Anche qui la città, durante la stagione estiva, si riempie di eventi, discoteche (anche al aperto), musica e tutti gli ingredienti per vivere serate o notti speciali e indimenticabili.

Valona: Con una baia incantevole e un'atmosfera rilassata, Valona è una destinazione costiera popolare. Il suo lungomare offre una passeggiata panoramica, mentre le spiagge di sabbia e gli sport acquatici rendono l'esperienza ancora più piacevole.

Himara: Situata sulla Costa Ionica, Himara è una perla nascosta dell'Albania. Le sue spiagge incontaminate e il suo centro storico pittoresco attirano visitatori in cerca di tranquillità e bellezza autentica.

Ksamil: Situata vicino a Saranda, Ksamil è una località costiera incantevole con acque turchesi e isole pittoresche al largo della costa. È una destinazione ideale per chi ama fare snorkeling e godersi la bellezza del mare.

Shëngjin: Shëngjin è una località balneare situata sulla costa adriatica dell'Albania. La sua spiaggia lunga e sabbiosa è perfetta per prendere il sole e godersi il mare. Qui è possibile anche degustare deliziosi piatti di pesce fresco nei ristoranti locali.

Vuno: Vuno è un piccolo villaggio costiero sulla Riviera albanese, noto per le sue incantevoli spiagge e la sua atmosfera tranquilla. È un luogo ideale per coloro che cercano una fuga dalla folla e desiderano immergersi nella natura incontaminata.

Orikum: Orikum è una città costiera con una lunga spiaggia sabbiosa e un porto pittoresco. È anche famosa per le sue antiche rovine romane, che possono essere visitate dai turisti curiosi.

Velipoja: Situata sulla costa adriatica settentrionale, Velipoja è conosciuta per le sue spiagge sabbiose e la bellezza naturale circostante. È un luogo ideale per rilassarsi e godersi la tranquillità della natura.

Durazzo

Durazzo, conosciuta anche come Durrës, è una delle principali destinazioni balneari dell'Albania, situata sulla costa adriatica. La città vanta un litorale lungo e variegato, con numerose spiagge che attirano visitatori da tutto il paese e dall'estero.

La spiaggia principale di Durazzo, chiamata "Plazh", è una delle più frequentate e offre una vasta distesa di sabbia dorata e fine. Questa spiaggia è ideale per rilassarsi al sole, fare lunghe passeggiate sulla riva o tuffarsi nelle acque calde e cristalline del Mar Adriatico. Lungo la spiaggia, si trovano stabilimenti balneari che offrono lettini e ombrelloni in affitto, nonché bar e ristoranti dove gustare piatti di pesce fresco e specialità locali.

Un'altra spiaggia molto popolare a Durazzo è la spiaggia di Currila. Questa spiaggia è caratterizzata da una sabbia più fine e acque poco profonde, rendendola ideale per famiglie con bambini. È possibile noleggiare pedalò e kayak per esplorare le acque vicine o partecipare a attività come il parapendio.

La città è anche famosa per il suo lungomare vivace, noto come "Rruga Taulantia". Qui si trovano numerose attività turistiche, come ristoranti, caffè, gelaterie e negozi di souvenir. È il luogo ideale per fare una passeggiata serale, ammirare il mare e godersi l'atmosfera vibrante della città.

Inoltre, la zona è ricca di siti storici e culturali che meritano una visita. Il Castello di Durazzo, situato sulla collina vicino al centro della città, offre una vista panoramica spettacolare sulla costa e sul porto. Questa fortezza medievale ospita anche il Museo Archeologico di Durazzo, che espone reperti antichi provenienti dalla regione. Un'altra attrazione significativa è l'Anfiteatro Romano di Durazzo, un'imponente struttura che risale al II secolo d.C. L'anfiteatro è stato restaurato ed è ancora utilizzato per eventi e spettacoli durante l'estate. La visita all'anfiteatro offre un'opportunità unica per immergersi nella storia romana dell'Albania.

La città è facilmente accessibile sia da Tirana, ma anche da altre città del paese, grazie alla sua posizione strategica e alle buone connessioni stradali e ferroviarie offrendo anche una varietà di opzioni di alloggio, dalle sistemazioni economiche agli hotel di lusso, per soddisfare le esigenze di tutti i visitatori.

In conclusione, una destinazione balneare affascinante che combina spiagge incantevoli con una ricca storia e un'atmosfera vivace. Con le sue spiagge accoglienti, le attrazioni culturali e la sua posizione privilegiata sulla costa adriatica, Durazzo è una tappa imperdibile per chi visita l'Albania.

Saranda

Saranda, conosciuta anche come Sarandë, è una città costiera incantevole situata nella parte meridionale dell'Albania, sulla costa ionica. È una delle principali destinazioni turistiche del paese, grazie alla sua posizione pittoresca, alle spiagge mozzafiato e alle numerose attrazioni che offre.

Una delle principali attrazioni di Saranda è la sua lunga e splendida spiaggia, chiamata "Plazh". La spiaggia di Saranda è composta da sabbia fine e acque cristalline, perfette per rilassarsi al sole, fare il bagno e praticare sport acquatici come lo snorkeling e il kayak. Lungo la spiaggia si trovano numerosi bar e ristoranti che offrono cibo delizioso e bevande rinfrescanti, consentendo ai visitatori di godersi appieno l'atmosfera estiva.

Saranda è anche famosa per la sua vicinanza a una serie di incredibili attrazioni naturali e culturali. Una delle principali attrazioni è la "Blue Eye" (Syri i Kalter), una sorgente d'acqua dolce che sembra provenire dalle profondità della terra. Questa sorgente crea un'immensa pozza d'acqua azzurra e trasparente, creando uno spettacolo affascinante. È possibile fare una passeggiata nei sentieri circostanti per ammirare la bellezza naturale circostante. Un'altra attrazione popolare è il Castello di Lekuresi, situato su una collina che domina la città e offre una vista panoramica spettacolare sulla baia di Saranda e sulle isole circostanti. Il castello è stato ristrutturato ed è ora un ristorante, consentendo ai visitatori di gustare un pasto delizioso mentre ammirano il panorama.

Saranda è anche un punto di partenza ideale per esplorare le isole vicine, come l'isola di Corfù in Grecia e l'isola di Ksamil, che è famosa per le sue bellissime spiagge e le sue acque cristalline. È possibile noleggiare barche o partecipare a escursioni organizzate per visitare queste isole e godersi il mare e il sole.

La città stessa offre una vivace vita notturna, con numerosi bar e locali notturni che animano le serate estive. È anche possibile visitare il lungomare di Saranda, che offre una piacevole passeggiata con vista sul mare e una varietà di ristoranti e caffè dove gustare una pausa rinfrescante.

In conclusione, Saranda è una meravigliosa città costiera che offre spiagge incantevoli, attrazioni culturali e una vivace atmosfera estiva. Con la sua bellezza naturale, la sua ricchezza storica e la sua posizione privilegiata, Saranda è una meta perfetta per coloro che desiderano godersi una vacanza balneare indimenticabile in Albania.

Valona

Valona, conosciuta anche come Vlorë, è una città costiera situata nella parte sud-occidentale dell'Albania, sulla costa adriatica. È una delle più antiche città del paese ed è famosa per le sue belle spiagge, la sua storia affascinante e la sua atmosfera rilassante.

Una delle principali attrazioni di Valona è la sua lunga e ampia spiaggia, chiamata "Plazhi i Vlorës". Questa spiaggia è caratterizzata da sabbia dorata e acque limpide, rendendola ideale per prendere il sole, fare il bagno e praticare sport acquatici. Lungo la spiaggia si trovano stabilimenti balneari, ristoranti e bar che offrono comfort e servizi ai visitatori.

Oltre alle spiagge, Valona offre anche alcune attrazioni storiche di rilievo. Uno dei punti di interesse più importanti è il Monumento dell'Indipendenza, situato in una collina sopra la città. Questo monumento commemora la dichiarazione di indipendenza dell'Albania nel 1912 ed è un simbolo di orgoglio nazionale. Dalla collina del monumento si può godere di una vista panoramica sulla città e sul mare.

Un'altra attrazione significativa è il castello di Kaninë, situato su una collina nelle vicinanze di Valona. Questo castello medievale offre una vista spettacolare sulla città e sulla baia di Valona. È possibile esplorare le mura del castello e ammirare l'architettura storica mentre si apprendono interessanti fatti sulla sua storia.

Valona è anche un punto di partenza ideale per esplorare le bellezze naturali della regione. Nei dintorni si trova la zona di Radhima, con le sue spiagge tranquille e le acque cristalline. È anche possibile visitare il Parco Nazionale di Llogara, una riserva naturale che offre sentieri panoramici, foreste rigogliose e viste spettacolari sulla costa.

La città di Valona offre una varietà di ristoranti, caffè e

negozi dove i visitatori possono gustare la cucina albanese tradizionale, acquistare souvenir locali e immergersi nell'atmosfera vibrante della città.

Valona rimane una splendida città costiera che offre spiagge mozzafiato, attrazioni storiche e una posizione ideale per esplorare le bellezze naturali della regione. Con la sua ricca storia, la sua bellezza naturale e la sua atmosfera accogliente, Valona è una meta perfetta per coloro che desiderano godersi una vacanza balneare autentica in Albania.

Himara

Himara, anche conosciuta come Himarë, è una città costiera situata nella parte meridionale dell'Albania, sulla Riviera albanese. È una destinazione turistica sempre più popolare, grazie alle sue incantevoli spiagge, alla sua ricca storia e alla sua atmosfera accogliente.

Himara vanta diverse spiagge spettacolari, ognuna con le proprie caratteristiche uniche. Una delle spiagge più famose è la spiaggia di Livadhi, con la sua sabbia dorata e il mare turchese. Questa spiaggia è molto amata dagli amanti del nuoto e dello snorkeling, grazie alle sue acque cristalline e alla ricchezza dei suoi fondali marini.

Un'altra spiaggia notevole è la spiaggia di Jale, che si distingue per la sua bellezza naturale e la sua tranquillità. Qui si può godere di acque limpide e calme, circondate da un paesaggio pittoresco di ulivi e colline verdi. È un luogo ideale per chi cerca una fuga rilassante e intima.

La zona è anche famosa per le sue baie e insenature appartate, che offrono angoli nascosti di paradiso. Una di queste è la baia di Porto Palermo, con il suo caratteristico castello che si affaccia sul mare. Il castello di Porto

Palermo, noto anche come castello di Ali Pasha, è una fortezza ben conservata che offre una vista panoramica spettacolare sulla baia e sul mare circostante.

Oltre alle splendide spiagge, Himara offre anche una ricca storia culturale. Il centro storico di Himara, chiamato "Kastro", conserva le tracce dell'architettura tradizionale e offre uno sguardo affascinante sulla vita passata della città. Qui è possibile esplorare stradine strette, case di pietra e chiese antiche, immergendosi nell'atmosfera autentica di un tempo passato.

Ksamil

Ksamil è una splendida località costiera situata nella parte meridionale dell'Albania, sulla costa del Mar Ionio. È una delle mete balneari più popolari del paese, grazie alle sue acque cristalline e alle sue spiagge di sabbia bianca.

La bellezza di Ksamil risiede principalmente nelle sue incantevoli spiagge, che si estendono lungo la costa e offrono uno scenario da cartolina. Le spiagge della regione sono caratterizzate da acque solitamente turchesi e limpide, ideali per nuotare, fare snorkeling o semplicemente rilassarsi sulla sabbia. Tra le spiagge più famose di Ksamil ci sono "Pasqyra" e "Mango Beach", che sono amate per la loro bellezza naturale e la loro atmosfera rilassata.

Oltre alle spiagge, la zona offre anche l'opportunità di esplorare l'arcipelago di Ksamil, composto da tre isole: Isola delle Rane, Isola di Ksamil e Isola di Zvernec. Queste isole sono facilmente raggiungibili in barca e offrono scenari pittoreschi e una ricca vita marina, ideali per gli amanti del mare e dello snorkeling.

Ksamil è anche rinomata per la sua cucina deliziosa, che offre una varietà di piatti di pesce fresco, frutti di mare e specialità locali. È possibile gustare piatti tradizionali albanesi nei ristoranti locali lungo la costa, che offrono un'ampia selezione di prelibatezze locali.

.hëngjin è una deliziosa località costiera situata sulla costa nord-occidentale dell'Albania, affacciata sul Mar Adriatico. Questa destinazione balneare è amata sia dai turisti che dai locali, grazie alle sue spiagge sabbiose, alle acque cristalline e alla sua atmosfera rilassata.

La spiaggia di Shëngjin è una delle attrazioni principali della zona, con un lungo tratto di sabbia dorata che si estende per diversi chilometri lungo la costa. È ideale per prendere il sole, fare lunghe passeggiate sulla riva o godersi una nuotata rinfrescante nelle acque calme e poco profonde. La spiaggia è ben attrezzata, con stabilimenti balneari che offrono lettini e ombrelloni per il comfort dei visitatori.

Oltre alla spiaggia, Shëngjin offre anche una varietà di ristoranti, caffè e bar lungo la passeggiata principale, dove è possibile gustare piatti tradizionali albanesi, frutti di mare freschi e altre specialità locali. È possibile assaporare il pesce appena pescato, accompagnato da una selezione di contorni freschi e pane fatto in casa.

Durante il periodo estivo, Shëngjin ospita anche eventi e feste sulla spiaggia, creando un'atmosfera festosa e animata. È possibile partecipare a serate di musica dal vivo, balli tradizionali albanesi e altre attività di intrattenimento.

Per gli amanti della natura, Shëngjin offre anche la possibilità di esplorare le bellezze circostanti. Nelle vicinanze si trova il fiume Drin, dove è possibile fare escursioni in barca per ammirare paesaggi mozzafiato e osservare la flora e la fauna locali.

Vuno

Vuno è un pittoresco villaggio situato nella regione di Himara, sulla costa ionica dell'Albania. Questa incantevole località è conosciuta per la sua bellezza naturale, le case tradizionali in pietra e l'atmosfera autentica che richiama il passato.

Il villaggio di Vuno offre una fuga tranquilla dal trambusto delle città turistiche più affollate. Qui è possibile immergersi nella vita tradizionale albanese, passeggiando per le stradine acciottolate e ammirando le antiche case di pietra risalenti a secoli fa. L'architettura tradizionale e il paesaggio montuoso circostante creano un'atmosfera affascinante e pittoresca.

Una delle attrazioni principali di Vuno è la Chiesa di San Teodoro, una chiesa ortodossa del XVII secolo che si erge nel cuore del villaggio. Questa chiesa è un importante punto di riferimento storico e religioso, e le sue caratteristiche architettoniche e gli affreschi ben conservati attirano i visitatori interessati all'arte e alla storia.

La posizione collinare di Vuno offre anche viste panoramiche spettacolari sulla costa ionica e sulle verdi colline circostanti. È possibile fare escursioni nei dintorni per esplorare la bellezza naturale della zona e godersi splendide vedute panoramiche.

Nonostante sia un villaggio relativamente piccolo, Vuno offre anche alcune opzioni di ristorazione e alloggio. È possibile gustare piatti tradizionali albanesi in piccoli ristoranti locali e godersi l'atmosfera accogliente del villaggio.

Per raggiungere il villaggio è consigliabile noleggiare un'auto o prendere un taxi da Himara o dalle città circostanti. La strada offre anche panorami spledidi della costa e delle montagne circostanti.

Orikum

Orikum è una splendida cittadina costiera situata sulla costa adriatica dell'Albania, nella regione di Valona. Questa destinazione balneare è amata per le sue spiagge sabbiose, le acque cristalline e l'atmosfera rilassante.

La spiaggia di Orikum è una delle principali attrazioni della zona, con una lunga distesa di sabbia dorata che si estende per diversi chilometri lungo la costa. Qui è possibile rilassarsi al sole, fare una nuotata rinfrescante nelle acque limpide o partecipare a varie attività acquatiche come lo snorkeling o il jet ski. La spiaggia è ben attrezzata, con stabilimenti balneari che offrono lettini e ombrelloni per il comfort dei visitatori.

Oltre alla spiaggia, Orikum offre anche la possibilità di esplorare le attrazioni culturali della zona. Una delle principali attrazioni è l'antica città di Orikum, che risale all'epoca romana. Qui è possibile visitare le rovine archeologiche, tra cui le mura della città, i resti di un anfiteatro romano e i resti di un tempio romano.

Orikum è anche un punto di partenza ideale per esplorare il Parco Nazionale di Llogara, che si trova nelle vicinanze. Questo parco offre paesaggi montani mozzafiato, sentieri escursionistici panoramici e la possibilità di avvistare specie di flora e fauna uniche.

La città di Orikum offre anche una varietà di ristoranti, caffè e bar dove è possibile gustare piatti tradizionali albanesi e frutti di mare freschi. La cucina locale è rinomata per i suoi sapori autentici e l'utilizzo di ingredienti freschi e di qualità.

Per gli amanti della natura, Orikum è circondata da una bellezza naturale incontaminata. Le colline circostanti offrono la possibilità di fare escursioni panoramiche e godersi panorami spettacolari sulla costa e sul mare.

poja è una pittoresca località balneare situata sulla costa adriatica dell'Albania, nella regione di Shkodra. Con le sue ampie spiagge sabbiose, le acque cristalline e il paesaggio naturale circostante, Velipoja è una meta ideale per gli amanti del mare e della natura.

La spiaggia di Velipoja è la principale attrazione della zona, con chilometri di sabbia fine e dorata che si estendono lungo la costa. La spiaggia è molto ampia e offre ampi spazi per rilassarsi, prendere il sole e fare lunghe passeggiate sulla riva. Le acque poco profonde e calme rendono la spiaggia adatta anche per le famiglie con bambini.

Velipoja

Velipoja è circondata da una natura incontaminata, con una vegetazione rigogliosa e lagune costiere. La Riserva Naturale di Velipoja, situata nelle vicinanze, offre la possibilità di fare escursioni e osservare la fauna e la flora locali. È anche un importante sito di migrazione degli uccelli, attirando gli amanti dell'ornitologia.

Oltre alle attività balneari, Velipoja offre anche la possibilità di praticare sport acquatici come il windsurf, il kite surf e la vela. Ci sono anche tour in barca disponibili per esplorare le lagune circostanti e le isole vicine.

Il villaggio di Velipoja offre una varietà di ristoranti, caffè e bar dove è possibile gustare piatti di pesce fresco, cucina tradizionale albanese e altre specialità locali. È possibile assaporare il pesce appena pescato, accompagnato da verdure fresche e prodotti locali.

Per raggiungere Velipoja, è possibile prendere un autobus o utilizzare un'auto privata da Shkodra o altre città vicine. La strada che porta a Velipoja offre infatti degli ottimi panorami sul paesaggio circostante.

La Riviera albanese

6 Le migliori spiagge e mari in Albania:

L'Albania è famosa per le sue splendide spiagge e acque cristalline lungo la costa dell'Adriatico e dell'Ionio. Ecco alcune delle migliori spiagge e mari:

Spiagge lungo la costa dell'Adriatico:

Spiaggia di Durrës: La spiaggia di Durrës è una delle più popolari destinazioni balneari in Albania, situata sulla costa occidentale del paese, sul Mar Adriatico. Con una lunghezza di oltre 10 chilometri, la spiaggia di Durrës offre un ampio tratto di sabbia dorata e acque turchesi, rendendola un luogo ideale per trascorrere le giornate estive al mare.

La spiaggia di Durrës è dotata di una vasta gamma di strutture e servizi per i visitatori. Lungo il lungomare, si trovano numerosi hotel, ristoranti, caffè, bar e negozi, offrendo una grande varietà di opzioni per ristorarsi e acquistare souvenir. Sono disponibili anche noleggi di ombrelloni e lettini per chi desidera godersi il sole in pieno comfort.

Le acque della spiaggia di Durrës sono generalmente calme e poco profonde, rendendola adatta sia ai nuotatori esperti che ai principianti. È un luogo ideale per fare una nuotata rinfrescante o praticare sport acquatici come il windsurf e il kayak. Gli amanti dello snorkeling troveranno anche alcune aree interessanti da esplorare, con una varietà di pesci e vita marina.

La spiaggia di Durrës è molto amata sia dai turisti che dai locali, ed è spesso affollata durante la stagione estiva. Tuttavia, grazie alle sue dimensioni, offre spazio sufficiente per tutti e un'atmosfera vivace e divertente. Durante l'estate, si organizzano anche eventi e feste sulla spiaggia, che contribuiscono a creare un'atmosfera festosa.

Oltre alle attività sulla spiaggia, Durrës offre anche alcune attrazioni culturali interessanti. La città è famosa per il suo anfiteatro romano, uno dei più grandi dei Balcani, che risale al II secolo d.C. È possibile visitare il sito archeologico e ammirare le antiche rovine, che testimoniano il passato glorioso di Durrës.

In conclusione, la spiaggia di Durrës è un luogo affascinante per trascorrere una vacanza al mare in Albania. Con la sua sabbia dorata, le acque cristalline e l'atmosfera vivace, offre tutto ciò che si può desiderare per una perfetta vacanza al mare.

Spiaggia di Shëngjin: La spiaggia di Shëngjin è un'altra delle principali destinazioni balneari dell'Albania, Con la sua ampia distesa di sabbia dorata e il mare Adriatico che si estende all'orizzonte, questa spiaggia attira turisti e locali in cerca di relax e divertimento estivo.

La spiaggia di Shëngjin offre un ambiente accogliente e familiare, con un'atmosfera vivace ma tranquilla. Le acque calme e poco profonde rendono questa spiaggia adatta anche alle famiglie con bambini. È possibile trascorrere giornate intere prendendo il sole sulla sabbia, fare lunghe nuotate o partecipare a varie attività acquatiche come il kayak o il pedalò.

La spiaggia qui è dotata di molte strutture e servizi per soddisfare le esigenze dei visitatori. Ci sono numerosi stabilimenti balneari lungo la costa che offrono lettini, ombrelloni e servizi come ristoranti, bar e spazi per il relax. È possibile gustare deliziosi piatti di pesce fresco e altre specialità locali nei ristoranti e nei chioschi lungo la spiaggia.

Oltre alle attività balneari, Shëngjin offre anche altre attrazioni da esplorare. Il centro della città è animato da caffè, ristoranti e negozi, dove è possibile immergersi nella vita quotidiana locale. Ci sono anche alcuni siti culturali interessanti da visitare, come la Torre di Shëngjin, che offre una vista panoramica sulla città e sulla costa.

La posizione di Shëngjin la rende anche un punto di partenza ideale per esplorare altre attrazioni nella zona circostante. È possibile visitare il Parco Nazionale di Lura, con i suoi paesaggi montani e sentieri escursionistici, o esplorare le città storiche di Lezha e Kruja, che sono facilmente raggiungibili in auto o in autobus.

In conclusione, la spiaggia di Shëngjin è una meta balneare affascinante e accogliente in Albania. Con le sue acque calme, la sabbia dorata e l'atmosfera rilassata, offre tutto ciò di cui hai bisogno per una vacanza al mare indimenticabile. Che tu voglia goderti il sole e il mare, esplorare le attrazioni locali o fare escursioni nelle zone circostanti, Shëngjin è una meta da non perdere per gli amanti del mare e delle spiagge.

Gjiri i Arushës: è una spiaggia di ciottoli circondata da una lussureggiante vegetazione mediterranea e da colline verdeggianti. La sua posizione isolata e tranquilla la rende perfetta per coloro che cercano una fuga rilassante lontano dalle spiagge affollate. La spiaggia è ideale per prendere il sole, fare lunghe passeggiate sulla riva e godersi la bellezza naturale circostante.
Le acque di Gjiri i Arushës sono trasparenti e invitano a un tuffo rigenerante. La baia è relativamente protetta, il che rende le sue acque calme e ideali per il nuoto e lo snorkeling. È possibile esplorare i fondali marini ricchi di vita, ammirare i colorati pesci e immergersi in un mondo sottomarino affascinante.

Una delle caratteristiche più affascinanti di Gjiri i Arushës è la sua posizione panoramica. La spiaggia offre una vista spettacolare sulla baia e sulle montagne circostanti, creando un ambiente davvero incantevole. È possibile ammirare tramonti mozzafiato e godere di una tranquillità e di una serenità assolute.
Poiché Gjiri i Arushës è una spiaggia meno frequentata rispetto ad altre destinazioni turistiche in Albania, non ci sono molte strutture turistiche nella zona. È consigliabile portare con sé tutto ciò di cui si ha bisogno per un giorno in spiaggia, come asciugamani, cibo e bevande. Tuttavia, questa caratteristica rende la spiaggia ancora più suggestiva e autentica, offrendo un'esperienza naturale e intatta.

Per raggiungere Gjiri i Arushës, è possibile prendere un'auto o un taxi da Valona o dalle città vicine. Il viaggio verso la spiaggia offre anche panorami mozzafiato lungo la strada costiera, rendendo il tragitto un'esperienza in sé.

In conclusione, la spiaggia di Gjiri i Arushës è una destinazione perfetta per coloro che cercano una spiaggia tranquilla e affascinante in Albania. La sua bellezza naturale, le acque cristalline e la posizione panoramica offrono un ambiente ideale per rilassarsi e godersi la magia del mare e della natura. Se sei alla ricerca di una spiaggia appartata e incantevole, Gjiri i Arushës è sicuramente da considerare.

Spiagge lungo la costa dello Ionio:

Spiaggia di Ksamil: La spiaggia di Ksamil è una delle mete balneari più affascinanti e popolari dell'Albania. Situata sulla Riviera albanese, questa spiaggia è amata per la sua bellezza incontaminata e le sue acque turchesi che sembrano provenire direttamente da una cartolina. Questa spiaggia è caratterizzata da una lunga distesa di sabbia bianca e soffice, che si estende lungo una baia protetta. Le sue acque cristalline e poco profonde sono perfette per il nuoto e offrono una magnifica esperienza di snorkeling, consentendo ai visitatori di esplorare i meravigliosi fondali marini ricchi di vita marina.

Ciò che rende la spiaggia di Ksamil ancora più affascinante sono le tre piccole isole al largo della costa, accessibili tramite barche locali. Queste isole sono un vero paradiso, con spiagge appartate, grotte marine e acque trasparenti. È possibile noleggiare una barca o partecipare a un'escursione organizzata per esplorare queste isole e godere di panorami spettacolari.

La spiaggia di Ksamil offre anche una varietà di servizi e comfort per i visitatori, come lettini e ombrelloni in affitto, ristoranti e bar sulla spiaggia che offrono piatti di pesce fresco e specialità albanesi. Ci sono anche attività ricreative disponibili, come il noleggio di kayak, paddle board e moto d'acqua, per coloro che desiderano vivere un po' di avventura.

Durante la stagione estiva, la spiaggia di Ksamil può essere affollata, ma la sua bellezza e il suo ambiente idilliaco la rendono comunque una meta imperdibile per gli amanti del mare e del relax. È consigliabile visitarla al mattino presto o al tramonto per godere della sua tranquillità e catturare foto spettacolari.
Ksamil offre una combinazione unica di bellezza naturale, acque cristalline e isole pittoresche, che la rendono una delle spiagge più iconiche e amate dell'Albania. Chiunque visiti l'Albania non può perdere l'opportunità di trascorrere del tempo in questa meravigliosa destinazione balneare.

Spiaggia di Dhërmi: La spiaggia di Dhermi è una delle destinazioni balneari più incantevoli dell'Albania. Situata sulla costa ionica della Riviera albanese, questa spiaggia affascina i visitatori con la sua bellezza naturale, le sue acque turchesi e le sue scogliere imponenti.
La spiaggia è caratterizzata da una lunga distesa di sabbia dorata, circondata da scogliere e montagne verdi. Le sue acque trasparenti invitano al nuoto e allo snorkeling, offrendo agli amanti del mare l'opportunità di esplorare il mondo sottomarino ricco di vita marina.
Ciò che rende la spiaggia di Dhermi ancora più affascinante sono le scogliere che la circondano. Queste imponenti formazioni rocciose creano un panorama spettacolare e offrono un'atmosfera selvaggia e incontaminata. È possibile fare escursioni sulle scogliere per godere di panorami mozzafiato sulla costa e sul mare.

Oltre alla bellezza naturale, la spiaggia di Dhermi offre anche una vivace atmosfera estiva. Lungo la spiaggia troverete bar sulla spiaggia, ristoranti e stabilimenti balneari che offrono comfort e servizi ai visitatori. È il luogo ideale per rilassarsi sotto l'ombrellone, gustare un delizioso pasto a base di pesce fresco e godersi il sole e il mare.

Se siete in cerca di avventure, questi posti offrono anche alcune opportunità per attività ricreative come il parapendio, l'arrampicata e l'escursionismo nelle montagne circostanti. Ci sono anche barche che offrono escursioni e gite in mare per esplorare le insenature nascoste e le grotte marine della zona.

Durante l'estate, la spiaggia di Dhermi può essere molto frequentata, ma la sua bellezza e la sua atmosfera vivace la rendono una meta popolare per i turisti. È consigliabile visitarla durante i mesi meno affollati o nelle prime ore del mattino per godere di una maggiore tranquillità.

In conclusione, la spiaggia di Dhermi è una perla nascosta sulla Riviera albanese, offrendo una combinazione unica di bellezza naturale, scogliere spettacolari e un'atmosfera estiva vibrante. È una meta ideale per coloro che cercano una spiaggia incantevole e avventura in un ambiente incontaminato.

Spiaggia di Jala: La spiaggia di Jala è una delle perle nascoste della Riviera albanese, situata vicino alla città di Himara. Questa bellissima spiaggia è celebre per la sua atmosfera tranquilla, le acque cristalline e le scogliere rocciose che creano un panorama spettacolare.

La caratteristica distintiva di questa spiaggia è la sua posizione appartata e selvaggia. Circondata da una natura incontaminata, la spiaggia offre una fuga rilassante lontano dal trambusto delle spiagge più affollate. L'accesso alla spiaggia avviene tramite una strada sterrata che attraversa una scenografica foresta di pini, aggiungendo un tocco di avventura all'esperienza.

La spiaggia di Jala è composta da ciottoli e rocce, che creano una piattaforma naturale perfetta per prendere il sole e godersi il mare cristallino. L'acqua azzurra e trasparente invita a nuotare, fare snorkeling o semplicemente rinfrescarsi nelle calde giornate estive. È anche possibile esplorare le scogliere circostanti e trovare piccole insenature appartate per un po' di privacy.

Un'altra caratteristica unica di Jala è la presenza di alcune grotte marine, accessibili solo tramite il mare. Queste grotte offrono l'opportunità di esplorare affascinanti formazioni rocciose e scoprire la bellezza sott'acqua. Gli amanti del nuoto e dello snorkeling troveranno un vero paradiso marino nelle acque di Jala.

Nonostante la sua atmosfera intima e tranquilla, la spiaggia di Jala offre comunque alcuni servizi di base per i visitatori. Ci sono alcuni chioschi che vendono bevande e snack lungo la spiaggia, così come strutture per prendere il sole e rilassarsi. Tuttavia, è consigliabile portare con sé tutto il necessario per trascorrere una giornata confortevole, come ombrelloni, asciugamani e cibo.

Sicuramente una destinazione ideale per coloro che cercano un luogo isolato e suggestivo per rilassarsi e godersi la bellezza naturale dell'Albania. La sua tranquillità e la sua natura incontaminata la rendono un vero paradiso per gli amanti della natura e dell'avventura. Se stai cercando una spiaggia autentica lontano dalla folla, la spiaggia di Jala è sicuramente da considerare.

7 Attrazioni balneari dell'Albania

Oltre alle incredibili spiagge, l'Albania vanta anche numerose attrazioni balneari che arricchiscono l'esperienza dei visitatori lungo la costa. In questo capitolo, esploreremo in dettaglio alcune delle principali attrazioni balneari dell'Albania.

Blue Eye: Il "Blue Eye" (Syri i Kaltër in albanese) è una delle meraviglie naturali più affascinanti dell'Albania. Si trova nella regione del Delvina, nel sud del paese, e rappresenta una sorgente d'acqua dolce che crea una pozza azzurra di straordinaria bellezza.

Il nome "Blue Eye" deriva dal colore intenso e brillante delle acque, che sembrano provenire dalle profondità della terra. Questa sorgente naturale crea un'enorme pozza circolare con un diametro di circa 10 metri, dove l'acqua si muove in modo ipnotico, creando un effetto di "occhio" che sembra scrutare il visitatore.
L'acqua del Blue Eye è incredibilmente chiara e trasparente, consentendo di vedere il fondale roccioso e le diverse sfumature di blu. La profondità esatta della sorgente non è stata ancora determinata, ma si ritiene che raggiunga i 50 metri o più. L'acqua proviene da un fiume sotterraneo e affiora in superficie attraverso questa sorgente, creando un vero spettacolo naturale.

Il Blue Eye è circondato da una folta vegetazione di alberi e arbusti, che contribuisce a creare un'atmosfera incantevole e rinfrescante. È possibile fare una passeggiata nei sentieri circostanti, godendo dell'ombra degli alberi e ascoltando il suono rilassante dell'acqua che scorre.

Il Blue Eye è diventato una meta turistica sempre più popolare in Albania, ma è importante conservare e proteggere questo tesoro naturale. Sono state adottate misure per preservare l'ambiente circostante, come la limitazione dell'accesso diretto alla pozza, al fine di mantenere la sua purezza e la sua bellezza intatte.

Per raggiungere il Blue Eye, è possibile prendere un autobus o un'auto da Saranda o da altre città della zona. È consigliabile visitare durante i mesi più caldi dell'anno, quando il tempo è mite e si può godere appieno della bellezza di questa meraviglia naturale.

Porto Palermo: Porto Palermo è una località costiera situata nella parte meridionale dell'Albania, nella regione di Himara. È nota principalmente per il suo affascinante castello, che domina l'entrata del porto e offre una vista panoramica spettacolare sulla baia circostante.

Porto Palermo offre una bellissima baia con acque cristalline e tranquille, ideali per il nuoto e la balneazione. La baia è incorniciata da ulivi e vegetazione mediterranea, che contribuiscono a creare un'atmosfera pittoresca e rilassante. È possibile noleggiare una barca o fare una passeggiata lungo la riva per godere appieno della bellezza del luogo.

Il Castello di Porto Palermo, conosciuto anche come Castello di Ali Pasha, è un'imponente struttura militare costruita nel XIX secolo. È stato costruito in stile ottomano e prende il nome dal famoso Pascià di Tepelenë, Ali Pasha, che governava l'area durante quel periodo. Il castello si erge su una piccola penisola rocciosa e presenta una combinazione di elementi architettonici ottomani e europei.

Porto Palermo è anche conosciuta per la sua storia e le leggende che la circondano. Si dice che il famoso pirata Barbarossa abbia utilizzato questa baia come nascondiglio per le sue navi e i suoi tesori. La storia e il fascino del luogo contribuiscono a creare un'esperienza unica per i visitatori che desiderano immergersi nella cultura e nella storia dell'Albania.

Sorgente Blu (Syri i Kalter): La Sorgente Blu, conosciuta come Syri i Kalter in albanese, è una delle meraviglie naturali più affascinanti dell'Albania. Si trova nei pressi del villaggio di Theth, nella regione delle Alpi Albanesi, e offre uno spettacolo mozzafiato con le sue acque di un azzurro intenso e cristallino.

La Sorgente Blu è una sorgente d'acqua di origine glaciale che affiora dal terreno in un piccolo bacino circolare. Le sue acque azzurre sono talmente trasparenti che sembrano quasi irreali. La Sorgente Blu è alimentata dalle acque di fusione dei ghiacciai circostanti, il che contribuisce alla sua purezza e alla sua temperatura fresca e invitante.

Uno dei tratti distintivi della Sorgente Blu è la sua forma. L'acqua emerge dal terreno formando una specie di occhio, circondato da un anello roccioso. Questa caratteristica rende la Sorgente Blu davvero unica e affascinante da osservare.

La sorgente è circondata da una lussureggiante vegetazione montana e da imponenti scogliere, creando un ambiente naturale mozzafiato. È possibile ammirare la bellezza della sorgente da una piattaforma panoramica situata vicino ad essa o immergersi nelle sue acque fresche per un'esperienza rigenerante.

La zona circostante offre anche opportunità per escursioni e trekking, con sentieri che conducono a spettacolari viste panoramiche sulle montagne circostanti. È possibile esplorare le bellezze naturali dell'area, come cascate, gole e paesaggi montani mozzafiato.

La Sorgente Blu è diventata una meta popolare per gli amanti della natura e gli escursionisti che cercano una fuga dal caos della vita quotidiana. L'atmosfera tranquilla e l'energia rigenerante della sorgente offrono un luogo ideale per rilassarsi, meditare e godere della bellezza incontaminata delle Alpi Albanesi.

Per raggiungere la Sorgente Blu, è possibile fare una breve escursione a piedi dal villaggio di Theth o noleggiare un'auto o un'escursione organizzata dalla città di Shkodra. È consigliabile visitare durante i mesi estivi, quando il clima è mite e le condizioni sono ottimali per godere appieno della bellezza di questa sorgente unica.

8 Paese dei castelli

L'Albania è conosciuta come il "Paese dei castelli" per la sua ricchezza di fortezze, roccaforti e castelli sparsi in tutto il territorio. Questi castelli rappresentano una parte significativa del patrimonio storico e culturale del paese e testimoniano le diverse epoche e influenze che l'Albania ha subito nel corso dei secoli.

I castelli albanesi sono un simbolo tangibile della storia antica e medievale del paese. Molti di essi risalgono all'epoca ilirica, quando i popoli illiri costruivano imponenti fortezze per proteggersi dalle incursioni esterne. Questi castelli servivano anche come punti strategici di controllo e difesa sulle principali rotte commerciali della regione. Con il passare dei secoli, i castelli albanesi sono stati oggetto di ampliamenti e trasformazioni sotto l'influenza di varie potenze che governavano la regione, come i Romani, i Bizantini e gli Ottomani. Ogni periodo ha lasciato la sua impronta architettonica e storica, rendendo i castelli albanesi affascinanti e unici.

Una lista di alcuni dei castelli più famosi in Albania:

Castello di Krujë
- Situato nella città di Krujë, il castello domina la città ed è un importante simbolo storico. È stato il centro della resistenza albanese contro l'invasione ottomana nel XV secolo.

Castello di Berat
- Conosciuto anche come il "Castello di Mille Finestre", il castello di Berat si trova nella città di Berat. È un sito del patrimonio mondiale dell'UNESCO ed è famoso per le sue strade acciottolate e le case tradizionali in pietra.

Castello di Gjirokastër
- Situato nella città di Gjirokastër, il castello è un'imponente fortezza che offre una vista panoramica sulla città. All'interno del castello si trova anche il Museo Etnografico, che presenta l'arte e la cultura tradizionale albanese.

Castello di Rozafa
- Situato a Shkodra, il castello di Rozafa è uno dei più antichi e suggestivi castelli in Albania. È posizionato su una collina che offre una vista spettacolare sul lago di Shkodra e sui monti circostanti.

Castello di Lezha
- Situato nella città di Lezha, il castello è legato alla storia albanese e al leggendario condottiero albanese Gjergj Kastrioti Skanderbeg. È un sito storico importante e offre una vista panoramica sulla città.

Castello di Butrinto
- Situato nel Parco Nazionale di Butrinto, il castello di Butrinto è un sito archeologico di grande importanza. Le sue rovine risalgono all'epoca romana e offre una testimonianza della storia e dell'architettura dell'epoca.

Castello di Prezë

Castello di Prezë - Situato nella città di Prezë, il castello fu una volta la residenza della famiglia nobiliare albanese Kastrioti. Oggi rimangono solo alcune rovine, ma offre una vista panoramica sulla valle circostante. Questi sono solo alcuni esempi dei numerosi castelli presenti in Albania. Ogni castello ha la sua storia unica e offre una vista suggestiva del paesaggio circostante. Esplorare questi castelli è un modo affascinante per immergersi nella storia e nella cultura dell'Albani

Tra i castelli più famosi in Albania troviamo il castello di Berat, anche sito del patrimonio mondiale dell'UNESCO, che domina la città di Berat con le sue torri e i suoi bastioni ancora ben conservati. Il castello di Gjirokastër, anch'esso Patrimonio dell'Umanità, è un imponente complesso fortificato che ospita un museo dedicato alla cultura e alla storia albanese. Il castello di Shkodër, situato sulle colline sovrastanti la città di Shkodër, offre una vista panoramica sul lago di Shkodër e sulla valle circostante.
Esplorare i castelli albanesi è un'esperienza affascinante e coinvolgente, in quanto si può camminare tra le mura antiche, esplorare le torri e le rovine, e immergersi nella storia e nelle leggende che li circondano. I castelli albanesi sono un richiamo per i visitatori che desiderano conoscere e apprezzare la ricca eredità culturale e storica del paese.

La cucina e i sapori

La cucina albanese è un vero e proprio viaggio culinario che unisce le influenze dei paesi vicini con una tradizione gastronomica unica. La posizione geografica dell'Albania, che si affaccia sul Mar Adriatico e sul Mar Ionio, ha contribuito a creare una cucina variegata e ricca di sapori autentici.

Le influenze greche si riflettono nella cucina albanese attraverso l'uso di ingredienti freschi e semplici. La dieta mediterranea è evidente nelle abbondanti porzioni di verdure, olive, olio d'oliva e pesce fresco. I piatti a base di pesce sono particolarmente popolari nelle regioni costiere dell'Albania, come ad esempio il pesce alla griglia o alla brace, le zuppe di pesce e i piatti di frutti di mare.

L'influenza turca si riscontra nei piatti a base di carne, come l'arrosto di agnello o di maiale, i kebab e i dolci come il baklava. Le spezie e le erbe aromatiche, come il cumino, il pepe nero e il prezzemolo, vengono utilizzate per insaporire i piatti e conferire loro un sapore unico.

L'Italia ha contribuito alla cucina albanese con l'introduzione di pasta e pizza. La pasta viene spesso servita con salse a base di pomodoro, carne macinata, verdure o formaggio. Le pizze albanesi sono solitamente sottili e croccanti, con una varietà di gustose combinazioni di ingredienti.

Una delle specialità più famose dell'Albania è il **Baklava**, un dolce a base di strati di pasta fillo ripieni di noci tritate e inzuppati in un delizioso sciroppo di zucchero. Questo dolce è ampiamente diffuso in tutto il paese e viene spesso servito come dessert dopo i pasti o durante le occasioni speciali.

Un'altra prelibatezza da gustare in Albania è il **Byrek**, un tipico pasticcio a base di pasta sfoglia ripieno di carne macinata, formaggio, spinaci o altre verdure. Il Byrek è un piatto molto amato dagli albanesi e viene spesso consumato a colazione o come spuntino leggero durante il giorno. È possibile trovarlo in molti caffè, panetterie e ristoranti locali.

Uno dei piatti più amati è la **Tavë kosi**, un agnello o montone cotto nel forno e servito con una salsa cremosa a base di yogurt e uova. È un piatto saporito e ricco di aromi. La **Fërgesë** è un altro piatto popolare, preparato con carne di manzo o agnello, peperoni, pomodori, cipolle e formaggio fuso, cotto a fuoco lento e servito con pane fresco.

Le **pite** sono torte salate a base di pasta sfoglia ripiene di carne macinata, formaggio, spinaci o altre verdure. Sono un alimento versatile e possono essere gustate come antipasto o piatto principale. La **Flija** è una sorta di crepe sottile e leggera, preparata con un impasto di farina di mais e acqua, cotta strato dopo strato su un disco rovente e servita con yogurt fresco e miele.

Gli **Speca me gjize** sono peperoni ripieni di formaggio fuso e cotti al forno, molto amati come antipasto. Le qofte sono polpette di carne di manzo o agnello, spesso condite con spezie come la menta e il prezzemolo, da gustare da sole o come parte di un piatto principale.
Il **piatto di fasule** è a base di fagioli cotti lentamente con carne di maiale o di manzo, pomodori, cipolle e spezie. È un piatto nutriente e saporito, spesso servito con pane fresco.

I formaggi locali sono un elemento essenziale della cucina albanese. Il feta, il kaçkavall e il djathë i bardhë (formaggio bianco) sono solo alcune delle varietà di formaggi prodotti in Albania. Vengono spesso serviti come antipasto, accompagnati da olive, pomodori e pane fatto in casa.

Per accompagnare i piatti albanesi, non si può fare a meno di assaggiare l'**Arnaud**, un liquore tradizionale albanese. L'Arnaud è ottenuto dalla distillazione di frutta, come uva, prugne o mele, ed è caratterizzato da un sapore intenso e aromatico. Viene spesso servito come digestivo dopo i pasti o come bevanda da gustare in compagnia.

Infine, non si può parlare della cucina albanese senza menzionare il **Raki**, un'altra bevanda tradizionale molto popolare in Albania. Il Raki è un liquore distillato, simile al grappa o all'acquavite, che viene preparato da vari ingredienti, come l'uva, le prugne o le mele. Viene spesso servito in piccoli bicchieri e può essere consumato da solo o come accompagnamento a una tavolata di piatti tipici albanesi.

10 Personaggi famosi albanesi

L'Albania ha dato i natali a numerosi personaggi famosi che si sono distinti in vari campi. Ecco alcuni esempi di personaggi famosi albanesi:

1. Madre Teresa (1910-1997):

Nata a Skopje, attuale Macedonia del Nord, di origine albanese, Madre Teresa è una delle figure più celebri e ammirate del mondo. Fondò le Missionarie della Carità e dedicò la sua vita all'aiuto dei poveri e dei bisognosi in tutto il mondo, ricevendo il Premio Nobel per la Pace nel 1979.

2. Ismail Kadare (1936-):

Ismail Kadare è uno dei più noti e acclamati scrittori albanesi. Le sue opere letterarie, spesso caratterizzate da un profondo impegno sociale e politico, sono state tradotte in numerose lingue e gli hanno valso numerosi premi letterari internazionali, inclusa la candidatura per il Premio Nobel per la Letteratura.

3. Rita Ora:

Rita Ora è una cantante, attrice e modella nata a Pristina, in Kosovo, ma di origine albanese. Ha raggiunto la fama internazionale con hit come "R.I.P." e "I Will Never Let You Down", collaborando anche con artisti di fama mondiale. È diventata un'icona di stile e una figura influente nella musica pop contemporanea.

4. **Inva Mula:** Inva Mula è una famosa soprano albanese conosciuta per le sue esibizioni in importanti teatri e opere in tutto il mondo. Ha interpretato ruoli principali in opere di compositori famosi come Mozart, Verdi e Puccini, guadagnandosi una reputazione come una delle migliori voci liriche del suo tempo.

5. **Dua Lipa:** Dua Lipa è una cantautrice britannica di origini albanesi. Ha raggiunto la fama internazionale con il suo album di debutto e ha vinto numerosi premi, inclusi Grammy Awards. Le sue hit, come "New Rules" e "Don't Start Now", hanno dominato le classifiche di tutto il mondo.

Questi sono solo alcuni esempi di personaggi famosi albanesi che hanno raggiunto il successo e hanno lasciato un segno nel loro campo di attività. L'Albania ha una ricca storia di persone talentuose e influenti che hanno contribuito alla cultura, alla musica, alla letteratura e ad altri settori artistici in tutto il mondo.

11 Top 10

L'Albania offre una vasta gamma di esperienze mozza-fiato e affascinanti. In questo capitolo, esploreremo le 10 cose migliori da fare e vedere durante il tuo viaggio in Albania.

1-Esplora la vivace capitale Tirana

Inizia il tuo viaggio in Albania esplorando la vivace capitale, Tirana. Visita la piazza Skanderbeg, il cuore della città, e ammira la statua equestre di Skander-beg, un eroe nazionale. Esplora la colorata Casa delle Foglie, che ospita il Museo Nazionale di Storia, e percepisci l'atmosfera bohémien nel quartiere di Blloku, noto per i suoi caffè, ristoranti e locali notturni.

2-Perditi nelle stradine della città vecchia di Berat

Berat, conosciuta come la "città delle mille finestre", è un gioiello architettonico che merita una visita. Esplora le stradine della città vecchia, una delle poche città abitate e preservate dal periodo ottomano. Ammira l'antico castello di Berat, con le sue mura imponenti e le viste panoramiche sulla città sottostante.

3-Ammira il patrimonio archeologico di Butrint

Butrint è un sito archeologico dell'UNESCO situato vicino alla città costiera di Saranda. Esplora le rovine ben conservate di questa antica città, che risale al periodo greco, romano, bizantino e veneziano. Ammira il teatro romano, le terme, i mosaici e le maestose rovine del castello.

4-Rilassati sulle spiagge di Ksamil

Situata nella riviera albanese, Ksamil è una destinazione balneare di straordinaria bellezza. Goditi le acque cristalline e le spiagge di sabbia bianca che si affacciano sulle isole di Ksamil. Rilassati sotto l'ombra degli ulivi, nuota nelle acque turchesi e assapora i frutti di mare freschi nei ristoranti locali.

5-Esplora la città storica di Gjirokastër

Gjirokastër è un'altra città storica dell'Albania, famosa per la sua imponente fortezza e le case di pietra tradizionali. Perditi nelle stradine acciottolate della città vecchia e visita il Museo Etnografico, che offre uno sguardo sulla vita tradizionale albanese. Ammira lo splendido panorama dalla fortezza e scopri la storia di questa affascinante città.

6-Fai un'escursione nel Parco Nazionale di Valbona

Per gli amanti della natura e dell'avventura, una visita al Parco Nazionale di Valbona è un must. Situato nelle Alpi albanesi settentrionali, il parco offre spettacolari paesaggi montani, valli verdi, cascate e una ricca flora e fauna.

7-Scopri il castello di Rozafa a Shkodër

Shkodër è una delle città più antiche dell'Albania e ospita il maestoso castello di Rozafa. Situato su una

Top 10

collina panoramica, il castello offre una vista mozzafiato sulla città e sul fiume Drin. Esplora le sue antiche
mura, le torri e il museo all'interno, che racconta la leggenda di Rozafa, una storia di sacrificio e tradimento.

8-Naviga attraverso le Grotte di Syri i Kalter

Le Grotte di Syri i Kalter, noto anche come l'Occhio Blu,
sono una meraviglia naturale situata vicino alla città di
Saranda. Questa sorgente carsica offre acque cristalline di un colore blu intenso. Naviga in una piccola barca attraverso il sistema di grotte sotterranee e ammira
la bellezza unica di questo luogo affascinante.

9-Visita il Monastero di Ardenica

Situato nelle colline vicino alla città di Fier, il Monastero di Ardenica è un importante sito religioso e
storico. Questo monastero ortodosso risalente al XIV
secolo ospita meravigliosi affreschi e icone sacre.
Esplora l'interno del monastero e ammira l'architettura tradizionale albanese.

10-Esplora la città di Krujë e il suo castello

Krujë è una città storica che offre un'immersione nella storia e nella cultura albanese. Visita il castello di
Krujë, situato su una collina, che fu il simbolo della resistenza albanese contro l'Impero ottomano. Esplora
il museo all'interno del castello, dedicato al grande
eroe nazionale albanese, Skanderbeg. Passeggia per
il bazar di Krujë, dove potrai acquistare souvenir, abbigliamento tradizionale e prodotti artigianali.

Con queste dieci esperienze, potrai scoprire alcune delle migliori attrazioni che l'Albania ha da offrire. Ogni luogo ti offrirà una prospettiva unica sulla storia, la natura e
la cultura del paese.

12 Albania: un riassunto delle migliori esperienze

L'Albania è un paese ricco di bellezze naturali, storia affascinante, cultura vibrante e ospitalità calorosa. In questo capitolo, faremo un riassunto di tutto ciò che rende l'Albania un luogo imperdibile da visitare.

Spiagge mozzafiato:
La riviera albanese è famosa per le sue splendide spiagge. Da Ksamil, con le sue acque cristalline e le isole pittoresche, a Dhermi, con le sue spiagge di sabbia bianca e i panorami spettacolari, ci sono molte destinazioni balneari da esplorare lungo la costa albanese.

Tesori archeologici:
Scopri i siti archeologici che testimoniano la ricca storia dell'Albania. Butrint, un'antica città romana, offre rovine ben conservate immerse in un'atmosfera magica. Il teatro romano, le terme e i mosaici ti faranno viaggiare indietro nel tempo. Apollonia, un altro importante sito archeologico, ti permetterà di esplorare le rovine di un'antica città greca e romana.

Bellezze naturali:
L'Albania è un paradiso per gli amanti della natura. Il Parco Nazionale di Valbona, nelle Alpi albanesi settentrionali, offre paesaggi montani spettacolari, valli verdi e sentieri panoramici. Le Grotte di Syri i Kalter, con le sue acque cristalline di un intenso colore blu, sono una meraviglia naturale da non perdere. E non dimenticare il Lago di Ohrid, un lago condiviso con la Macedonia del Nord, che offre bellezze naturali e una ricca biodiversità.

Patrimonio culturale:
L'Albania vanta una ricca tradizione culturale. Visita il monastero di Ardenica, risalente al XIV secolo, e ammira gli affreschi e le icone sacre. Esplora il castello di Rozafa a Shkodër, che offre una vista panoramica sulla città e racconta una leggenda

avvincente. Incontra gli artigiani nel bazar di Krujë, dove potrai acquistare prodotti tradizionali albanesi.

Il paese offre una combinazione unica di storia, cultura e natura. Esplorando le sue città, le sue spiagge, i suoi tesori archeologici e le sue bellezze naturali, avrai l'opportunità di immergerti in un luogo affascinante e autentico.

13 Eventi da non perdere in Albania mese per mese

L'Albania è un paese ricco di tradizioni culturali e festività affascinanti. Ogni mese dell'anno offre eventi unici che permettono ai visitatori di immergersi nella cultura albanese. Ecco una classificazione dei migliori eventi in Albania, mese per mese:

Gennaio: Capodanno (Viti i Ri)

L'Albania celebra il Capodanno il 1° gennaio con festeggiamenti in tutto il paese. La piazza Skanderbeg a Tirana è animata da spettacoli musicali, fuochi d'artificio e una grande festa di piazza. I ristoranti e i locali notturni sono affollati di persone che festeggiano l'inizio del nuovo anno.

Febbraio: Festival del Carnevale di Korçë

A Korçë, nel sud-est dell'Albania, si tiene il Festival del Carnevale, un'esplosione di colori, costumi e festeggiamenti. Le strade si riempiono di sfilate di carri allegorici, balli tradizionali e musica coinvolgente. È un'occasione per sperimentare la tradizione del carnevale albanese e per immergersi nell'energia festosa della città.

Marzo: Festa della Primavera (Dita e Verës)

La Festa della Primavera è una celebrazione dell'arrivo della primavera e dell'equinozio di marzo. In molte città albanesi, vengono organizzati spettacoli di danza, concerti all'aperto e fiere di artigianato. È un momento perfetto per godersi il clima più mite e per festeggiare l'inizio della stagione primaverile.

Aprile: Festa di Paskët (Pasqua)

La Pasqua è una festa religiosa molto importante in Albania, e le celebrazioni sono particolarmente vive nelle città di Berat, Gjirokastër e Korçë. Durante questa festività, le chiese sono decorate e vengono organizzate processioni, messe speciali e festeggiamenti tradizionali. È un'opportunità per sperimentare la spiritualità e la cultura albanese.

Maggio: Festival dei Fiori (Festivali i Luleve)

Il Festival dei Fiori si svolge nella città di Gjirokastër a maggio, quando i giardini e i parchi si riempiono di fiori colorati. Durante questo festival, vengono organizzate mostre di fiori, spettacoli musicali e attività culturali. È un'occasione per ammirare la bellezza dei fiori albanesi e per godersi una festa all'aperto.

Giugno: Festival del Jazz di Tirana

Il Festival del Jazz di Tirana è un evento annuale che attira musicisti e appassionati di jazz da tutto il mondo. Durante una settimana di concerti, spettacoli e jam session, la città di Tirana vibra al ritmo del jazz. È un'opportunità unica per immergersi nella scena musicale albanese e internazionale.

Luglio: Festival della Riviera (Festivali i Rivierës)

Il Festival della Riviera è un evento musicale che si svolge lungo la splendida costa albanese. Durante tutto il mese di luglio, le città costiere come Valona, Dhermi e Saranda ospitano concerti di artisti nazionali e internazionali. È un momento ideale per combinare la musica con il mare e per godersi le spiagge albanesi.

Agosto: Festa di Krujë (Gjirokastër)

La Festa di Krujë è una celebrazione tradizionale che si tiene nella città di Krujë ad agosto. Durante questo evento, le strade si animano di spettacoli folcloristici, balli tradizionali, esposizioni di artigianato e mercati di prodotti locali. È un'opportunità per immergersi nella cultura albanese e scoprire le tradizioni della regione.

Settembre: Festa dell'Uva (Dita e Verës)

La Festa dell'Uva si svolge a Berat a settembre per celebrare il raccolto dell'uva e l'arrivo dell'autunno. Durante questa festa, i vigneti si trasformano in luoghi di festa, con degustazioni di vino, spettacoli musicali e balli tradizionali. È un momento ideale per scoprire i vini albanesi e godersi la vivace atmosfera festosa.

Ottobre: Festival delle Mele (Festivali i Mollës)

Il Festival delle Mele si tiene a Shkodër ad ottobre, quando la stagione delle mele è nel pieno. Durante questa festa, vengono organizzati concorsi di mele, spettacoli folkloristici, mostre e mercati di prodotti a base di mele. È un'occasione per gustare le deliziose mele albanesi e per immergersi nella cultura della regione.

Novembre: Giorno dell'Indipendenza (Dita e Pavarësisë)

Il 28 novembre è il Giorno dell'Indipendenza dell'Albania, e le celebrazioni si svolgono in tutto il paese. Sfilate militari, concerti, discorsi e fuochi d'artificio animano le città, e l'orgoglio nazionale è palpabile nell'aria. È un momento per celebrare la storia e l'identità albanese.

Dicembre: Mercatino di Natale (Tregu i Krishtlindjeve)

Durante il mese di dicembre, i mercatini di Natale si diffondono nelle città albanesi, tra cui

Tirana, Shkodër e Valona. I mercati sono decorati con luci natalizie, e offrono prodotti artigianali, specialità culinarie e spettacoli natalizi. È un'occasione per immergersi nell'atmosfera festiva e per fare shopping di Natale in un'atmosfera veramente unica.

14. Itinerari popolari in Albania

L'Albania offre una varietà di itinerari affascinanti che permettono ai visitatori di scoprire le sue diverse bellezze naturali, storiche e culturali. Ecco alcuni degli itinerari più frequentati in Albania:

Itinerario costiero: Tirana – Durrës – Berat – Valona – Saranda

Questo itinerario ti porterà lungo la spettacolare costa albanese. Inizia la tua avventura nella vivace capitale Tirana, quindi dirigiti verso Durrës, una città costiera con una ricca storia romana. Prosegui verso Berat, la "città delle mille finestre", famosa per le sue case di pietra bianca. Da Berat, raggiungi Valona, una città con una bellissima spiaggia e importanti siti storici. Infine, arriva a Saranda, una delle destinazioni balneari più popolari dell'Albania, con le sue spiagge incantevoli e la vicinanza alle Grotte di Syri i Kalter (Occhio Blu).

Itinerario culturale: Tirana – Krujë – Shkodër – Gjirokastër

Questo itinerario ti permetterà di immergerti nella storia e nella cultura albanese. Inizia a Tirana, esplora la vivace capitale e visita il Museo Nazionale di Storia. Prosegui verso Krujë, dove potrai visitare il castello e il museo dedicato a Skanderbeg, l'eroe nazionale albanese. Da lì, raggiungi Shkodër, una città con un ricco patrimonio storico e il maestoso castello di Rozafa. Infine, dirigi verso Gjirokastër, una città dichiarata Patrimonio dell'Umanità dall'UNESCO, nota per la sua architettura tradizionale e la fortezza imponente.

Itinerario montano: Tirana - Theth
- Valbona - Koman - Shkodër

Se ami la montagna e la natura incontaminata, questo itinerario è perfetto per te. Parti da Tirana e dirigiti verso Theth, un pittoresco villaggio di montagna circondato da spettacolari paesaggi alpini. Da Theth, puoi fare un'escursione fino a Valbona, attraversando uno dei sentieri più belli delle Alpi albanesi. Dopo Valbona, prendi una barca a Koman e goditi un viaggio panoramico attraverso il suggestivo lago artificiale. Infine, arriva a Shkodër, dove potrai esplorare la città e visitare il Lago di Shkodra, il più grande dei Balcani.

Itinerario archeologico: Tirana
- Durazzo - Apollonia - Butrint

Se sei appassionato di archeologia, questo itinerario ti porterà a scoprire alcuni dei siti più importanti dell'Albania. Inizia a Tirana e dirigiti verso Durrës, dove potrai visitare le rovine dell'antica città romana. Prosegui verso Apollonia, un importante sito archeologico che ospita i resti di un'antica città greco-romana. Infine, raggiungi Butrint, un sito archeologico unico, dichiarato Patrimonio dell'Umanità dall'UNESCO, che offre una straordinaria combinazione di

Itinerari popolari in Albania

monumenti greci, romani, bizantini e veneti.

Itinerario delle perle nascoste:

Pogradec – Korçë – Voskopojë – Përmet

Questo itinerario ti porterà a scoprire alcune delle perle nascoste dell'Albania. Inizia a Pogradec, sulle rive del Lago di Ohrid, e goditi il paesaggio mozzafiato. Prosegui verso Korçë, una città con una vivace scena culturale e una ricca eredità storica. Da lì, dirigiti verso Voskopojë, un antico centro culturale e religioso con chiese e monasteri medievali. Infine, arriva a Përmet, una città circondata da montagne, famosa per le sue sorgenti termali e le bellezze naturali.

Questi sono solo alcuni degli itinerari più frequentati in Albania. Ogni percorso offre esperienze uniche e ti permetterà di scoprire la diversità e la bellezza di questo affascinante paese.

15 Attivita all'aperto

L'Albania offre una vasta gamma di attività all'aperto per soddisfare gli amanti della natura e degli sport avventurosi. Ecco alcune delle migliori attività da fare all'aperto in Albania:

Escursioni e trekking: L'Albania è ricca di splendidi paesaggi montani e percorsi escursionistici. Puoi esplorare il Parco Nazionale di Theth, le Alpi albanesi, il Parco Nazionale di Valbona o il Parco Nazionale di Llogara, per citarne solo alcuni. Goditi escursioni panoramiche, attraversa fiumi, raggiungi picchi mozzafiato e ammira panorami mozzafiato lungo il percorso.

Rafting: I fiumi albanesi, come il fiume Vjosa e il fiume Osum, offrono emozionanti avventure di rafting. Prendi una barca e affronta le rapide per un'esperienza indimenticabile e un'opportunità di ammirare la bellezza naturale del paesaggio circostante.

Canyoning: Se sei alla ricerca di un'attività avventurosa, il canyoning è un'opzione eccitante. Esplora i canyon dell'Albania, come il Canyon di Gjipe o il Canyon di Grunas, e prova emozionanti discese in corda doppia, salti nelle piscine naturali e camminate lungo i fiumi.

Attività all'aperto

Mountain bike: L'Albania offre numerosi sentieri panoramici per gli amanti delle due ruote. Esplora le montagne, le campagne e i villaggi rurali in bicicletta, godendo dei panorami mozzafiato lungo il percorso. Ci sono anche tour organizzati che ti permettono di scoprire le migliori rotte in compagnia di guide esperte.

Parapendio: Se desideri ammirare l'Albania dall'alto, il parapendio è un'attività entusiasmante da provare. Ci sono diversi punti di lancio spettacolari, come Dajti vicino a Tirana, Llogara Pass o Himara, che ti offriranno una vista panoramica unica del paesaggio albanese.

Snorkeling e immersioni subacquee: Le acque cristalline dell'Albania offrono ottime opportunità per lo snorkeling e le immersioni subacquee. Esplora la costa albanese e scopri la ricca vita marina, i resti archeologici sommersi e le spettacolari formazioni di grotte marine.

Esplorazione delle grotte: L'Albania è famosa per le sue grotte spettacolari, come le Grotte di Syri i Kalter (Occhio Blu) o le Grotte di Pëllumbas. Indossa un casco e un'attrezzatura appropriata e immergiti nel mondo sotterraneo, ammirando stalattiti, stalagmiti e affascinanti formazioni rocciose.

16 Le migliori mete per famiglie e bambini

L'Albania offre diverse destinazioni adatte alle famiglie con bambini. Ecco alcune delle migliori mete in Albania per una vacanza in famiglia o viaggiando con i bambini:

Tirana: La capitale dell'Albania offre numerose attrazioni adatte ai bambini. Puoi visitare il Parco Rinia, che dispone di aree giochi, giostre e spazi aperti per correre e giocare. Il Parco del Lago, con i suoi laghetti e passeggiate panoramiche, è anche un luogo ideale per le famiglie. Inoltre, il Museo Nazionale di Storia Naturale di Tirana offre esposizioni interattive che coinvolgono i più piccoli.

61

Durrës: Questa città costiera è una destinazione popolare per le famiglie. La spiaggia di Durrës offre ampi spazi per giocare, costruire castelli di sabbia e fare lunghe passeggiate lungo la riva. Puoi anche visitare il Parco delle Avventure, un parco di divertimenti con attrazioni adatte a diverse età.

Parco Nazionale di Llogara: Situato lungo la costa albanese, il Parco Nazionale di Llogara è una meta ideale per le famiglie amanti della natura. Puoi fare escursioni facili attraverso i boschi di pini, ammirare panorami mozzafiato e goderti pic-nic all'aperto. Il parco è anche famoso per la presenza di capre selvatiche che possono essere osservate da vicino.

Parco Nazionale di Butrint: Questo parco archeologico, dichiarato Patrimonio dell'Umanità dall'UNESCO, offre un'opportunità unica per le famiglie di immergersi nella storia. I bambini possono esplorare antiche rovine, ammirare i resti di un anfiteatro romano e scoprire la flora e la fauna del parco.

Krujë: Questa città storica è famosa per il suo castello medievale e il bazar tradizionale. I bambini possono divertirsi ad esplorare il castello e partecipare a dimostrazioni di artigianato locale. Inoltre, il Museo di Gjergj Kastrioti Skanderbeg offre un'opportunità educativa per imparare sulla storia dell'Albania.

Parco Nazionale di Divjaka-Karavasta: Questo parco nazionale è sede della più grande laguna d'Albania e ospita una varietà di specie di uccelli migratori. Le famiglie possono fare escursioni attraverso il parco, osservare gli uccelli e godersi la bellezza naturale della laguna.

Spiagge di Ksamil: Situate vicino a Saranda, le spiagge di Ksamil sono un vero paradiso per i bambini. Le acque poco profonde e sabbiose sono perfette per i più piccoli che possono giocare e nuotare in sicurezza. Inoltre, le piccole isole al largo della costa possono essere raggiunte in barca per un'avventura extra.

Queste sono solo alcune delle migliori mete in Albania per le famiglie con bambini. Ogni destinazione offre attrazioni e attività adatte ai più piccoli, garantendo una vacanza indimenticabile per tutta la famiglia.

17 Tirana e l'Albania centrale

Tirana

Tirana è la capitale dell'Albania e il centro politico, economico e culturale del paese. È una città vivace, in rapida crescita e in continua evoluzione. Negli ultimi anni, Tirana ha subito una significativa trasformazione urbanistica, con nuovi edifici moderni, parchi pubblici e una vivace vita notturna.

Ecco alcune delle principali attrazioni e caratteristiche di Tirana:

Piazza Skanderbeg: È la piazza principale di Tirana, dedicata al nazionale albanese Gjergj Kastrioti Skanderbeg, un punto di incontro e luogo di passeggio per i residenti e i visitatori, circondato da importanti edifici governativi, caffetterie e ristoranti.

Blloku: È un quartiere alla moda di Tirana, noto per i suoi bar, caffetterie, ristoranti e negozi alla moda. Una volta era una zona riservata ai funzionari governativi, ma oggi è diventata il centro della vita notturna e dell'intrattenimento della città.

Museo Nazionale di Storia: È il museo principale di Tirana, che offre una panoramica completa della storia dell'Albania, dalle epoche antiche fino all'era comunista. È un luogo educativo e interessante per conoscere la ricca storia e la cultura del paese.

Piramide di Tirana: È un edificio unico progettato dall'architetto albanese Enver Hoxha, che un tempo ospitava un museo dedicato al leader comunista. Oggi è diventato un punto di riferimento nella città ed è spesso utilizzato come spazio per eventi culturali e artistici.

Parco della Pazienza: È un grande parco situato nel centro di Tirana, dove i residenti si riuniscono per rilassarsi, fare jogging o partecipare a varie attività all'aperto. È un'oasi verde nel cuore della città e offre una pausa piacevole dalla frenesia urbana.

Tirana è dunque una città che offre una vivace scena artistica e culturale. Puoi visitare gallerie d'arte, come la National Gallery of Arts, che ospita una vasta collezione di opere d'arte albanese. La città è anche sede di numerosi teatri, come il Teatro dell'Opera e del Balletto Nazionale, dove è possibile assistere a spettacoli di danza, musica e teatro.

Offre anche una varietà di ristoranti e caffetterie che servono cucina tradizionale albanese e internazionale. Puoi gustare piatti locali come il byrek (una specie di torta salata ripiena), il fërgesë (un piatto a base di carne e peperoni) e il baklava (un dolce a base di pasta fillo e noci). I ristoranti nel quartiere Blloku sono particolarmente popolari per i loro menu eclettici e l'atmosfera vivace.

La città vanta una varietà di stili architettonici, che spaziano dal periodo ottomano a quello comunista e ai moderni edifici contemporanei. Mentre passeggi per la città, potrai ammirare una mescolanza di antiche moschee e chiese, insieme a edifici socialisti con facciate colorate. Il panorama urbano è stato trasformato negli ultimi anni con l'aggiunta di nuovi grattacieli e progetti di rinnovamento urbano.

Le strade ospitano una serie di mercati tradizionali dove è possibile acquistare prodotti freschi, souvenir e articoli locali. Il Mercato di Pazari i Ri è uno dei mercati più grandi e animati di Tirana, dove troverai una vasta gamma di prodotti alimentari, abbigliamento e oggetti artigianali.

Tirana è anche famosa per la sua vivace vita notturna. Il quartiere Blloku è il cuore della scena notturna di Tirana, con una vasta selezione di bar, club e discoteche. La città offre anche una serie di caffetterie e locali alla moda, dove puoi sorseggiare un caffè o un drink e immergerti nell'atmosfera animata della città. Tirana offre numerosi parchi e spazi verdi dove puoi rilassarti e goderti la natura. Il Parco della Pazienza, menzionato in precedenza, è uno dei parchi più popolari, ma ci sono anche altri parchi

come il Parco del Lago e il Parco del Rinia, che offrono ampi spazi per passeggiate, picnic e attività all'aperto.
La capitale albanese è una città dinamica che combina tradizione e modernità, offrendo una vasta gamma di esperienze culturali, culinarie e di intrattenimento. Con la sua energia vibrante, la capitale albanese ti sorprenderà con la sua ospitalità e la sua animata atmosfera.

Il Festival Internazionale del Cinema di Tirana

Il Festival Internazionale del Cinema di Tirana è un evento annuale che celebra il cinema internazionale, offrendo una piattaforma per lo scambio culturale, l'esplorazione artistica e la promozione dell'industria cinematografica albanese. Questo festival è uno dei più importanti nel panorama cinematografico dei Balcani e attira registi, attori, produttori e appassionati di cinema da tutto il mondo.

Durante il Festival Internazionale del Cinema di Tirana, vengono proiettati film di vario genere, tra cui lungometraggi, documentari, cortometraggi e film d'animazione provenienti da diverse nazioni. L'obiettivo principale del festival è quello di offrire al pubblico la possibilità di scoprire opere cinematografiche di qualità, spesso provenienti da paesi meno rappresentati nella scena internazionale.

Oltre alle proiezioni, il festival organizza anche workshop, masterclass, conferenze e dibattiti su temi legati al cinema. Queste attività offrono l'opportunità per i partecipanti di interagire con registi, attori e professionisti del settore, imparare dalle loro esperienze e approfondire le conoscenze cinematografiche.

Durante il festival vengono anche assegnati premi in diverse categorie, come il miglior film, il miglior regista, il miglior attore/attrice e altri riconoscimenti che celebrano l'eccellenza nel campo cinematografico.

Il Festival Internazionale del Cinema di Tirana ha un impatto significativo sulla scena culturale e artistica dell'Albania, contribuendo a promuovere il talento locale e a creare una piattaforma per il confronto internazionale. Inoltre, il festival svolge un ruolo importante nel posizionare Tirana come destinazione cinematografica e nel favorire lo sviluppo dell'industria cinematografica nel paese.

Bunk'Art

A Tirana, la capitale dell'Albania, si trova un museo unico e affascinante chiamato "Bunk'Art". Questo museo offre ai visitatori un'esperienza immersiva nella storia del regime comunista albanese, fornendo una prospettiva unica su un periodo significativo nella storia del paese.

"Bunk'Art" è ospitato all'interno di un bunker sotterraneo che fu costruito durante il regime di Enver Hoxha. Questo bunker era originariamente progettato come rifugio antiaereo e postazione di comando per il regime comunista. Oggi, il bunker è stato trasformato in un museo interattivo che svela gli aspetti della vita sotto il regime comunista albanese.

All'interno del museo, i visitatori possono esplorare i corridoi e le stanze del bunker, che sono stati restaurati e arredati in modo da ricreare l'atmosfera dell'epoca.

Attraverso esposizioni multimediali, documenti storici, fotografie e testimonianze audio, i visitatori possono conoscere la storia politica, sociale e culturale dell'Albania durante il regime comunista.

Il museo offre una prospettiva unica sulla vita quotidiana degli albanesi durante il periodo comunista, inclusi i limiti alle libertà personali, la propaganda di stato, la sorveglianza e la repressione politica. Attraverso la documentazione accurata e l'uso di tecnologie interattive, il museo offre un'esperienza coinvolgente che permette ai visitatori di comprendere appieno le sfide e le conseguenze di quel periodo storico.

"Bunk'Art" è un museo importante che offre un'opportunità di apprendimento e riflessione sulla storia recente dell'Albania. Attraverso la sua esposizione accurata e ben curata, il museo contribuisce a preservare la memoria collettiva del paese, ricordando le difficoltà del passato e aprendo spazi di dialogo e comprensione per le generazioni future.

La presenza di un museo come "Bunk'Art" dimostra l'impegno dell'Albania nel preservare la sua storia e nel promuovere la consapevolezza storica tra i visitatori nazionali e internazionali. È una testimonianza tangibile del desiderio del paese di guardare avanti mentre si riflette sul passato, con la speranza di costruire un futuro migliore basato sulla democrazia, la libertà e il rispetto dei diritti umani.

Dintorni di tirana

I dintorni di Tirana offrono diverse destinazioni interessanti da esplorare. Ecco alcune delle principali attrazioni e luoghi da visitare nelle vicinanze di Tirana:

Durrës: Situata a circa 33 chilometri a ovest di Tirana, Durrës è una città costiera molto popolare tra i turisti. È famosa per le sue spiagge sabbiose, i resti archeologici dell'antica città di Dyrrhachium e il magnifico Anfiteatro Romano. Puoi trascorrere una giornata rilassante in spiaggia, esplorare il centro storico di Durrës e visitare i musei della città.

Petrela: Situata a circa 15 chilometri a sud di Tirana, Petrela è una piccola città famosa per il suo castello medievale. Il Castello di Petrela offre una vista panoramica sulla valle circostante ed è un luogo ideale per una breve escursione fuori città. Puoi esplorare le antiche mura del castello, apprezzare l'architettura storica e goderti un pranzo con vista presso uno dei ristoranti panoramici nelle vicinanze.

Mount Dajti: Il Monte Dajti si trova a est di Tirana e offre una splendida opportunità per gli amanti della natura e dell'avventura. Puoi prendere la teleferica che parte dalla periferia di Tirana e salire fino alla cima del monte, da cui potrai ammirare una vista panoramica spettacolare sulla città e sulle montagne circostanti. Il Monte Dajti è anche un luogo popolare per fare escursioni, passeggiate e picnic all'aria aperta.

Preza: Si trova a circa 20 chilometri a nord-ovest di Tirana ed è un pittoresco villaggio con una fortezza medievale situata sulla cima di una collina. La Fortezza di Preza offre una vista panoramica sulle campagne circostanti e sul Lago di Tirana. Puoi esplorare le antiche mura della fortezza e visitare i piccoli negozi di artigianato locale nel centro del villaggio.

Questi sono solo alcuni dei luoghi da visitare nei dintorni di Tirana. La regione offre una varietà di destinazioni interessanti, che ti consentono di esplorare la storia, la cultura e la bellezza naturale dell'Albania.

Monte Dajiti

Il Monte Dajti è una delle principali attrazioni naturali vicino a Tirana. Si trova a est della città e raggiunge un'altitudine di circa 1.613 metri. È una meta popolare per gli amanti della natura, degli sport all'aperto e delle escursioni.
Una delle opzioni più popolari per raggiungere la cima del Monte Dajti è prendere la teleferica da Tirana. La teleferica ti porterà su una pittoresca salita attraverso la foresta fino alla cima del monte. Durante il tragitto, potrai goderti panorami spettacolari sulla città di Tirana e sulle montagne circostanti.

Parco Nazionale del Monte Dajti: Il Monte Dajti è parte del Parco Nazionale omonimo, che copre un'area di circa 29.384 ettari. Il parco offre una vasta gamma di attività all'aperto, come escursioni, mountain bike, pic-nic e osservazione della fauna selvatica. È anche possibile noleggiare biciclette o quad per esplorare il parco.

Sobborgo orientale di Tirana: I sobborghi orientali di Tirana, come Bërxullë, Farkë, Pezë, offrono una piacevole fuga dalla vita urbana. Queste zone sono caratterizzate da paesaggi rurali, colline verdi, fattorie e vigneti. Puoi fare una passeggiata attraverso i villaggi, visitare le fattorie locali e assaggiare prodotti tipici come il vino e l'olio d'oliva.

18 Albania centrale

L'Albania centrale è una regione che abbraccia diverse città e attrazioni culturali e naturali.l centro dell'Albania è una regione che offre una varietà di attrazioni, tra cui paesaggi mozza-fiato, siti storici e una cultura ricca e autentica. Questa parte del paese è caratterizzata da montagne impo-nenti, colline verdi, fiumi e laghi pitto-reschi.

Le montagne del centro dell'Albania offrono splendide opportunità per gli amanti della natura e dell'avventura. Puoi fare escursioni panoramiche lungo sentieri ben segnalati, goderti la vista panoramica dai punti di osservazione o semplicemente immergerti nella tranquillità degli ambienti montani.

La regione centrale ospita anche numerosi laghi, tra cui il Lago di Ohrid, che è condiviso con la Macedonia del Nord. Questi laghi offrono splendide spiagge, acque cristalline e opportunità per praticare sport acquatici come il nuoto, la vela e la pesca.

Il centro dell'Albania è anche ricco di storia e cultura. La regione è costellata di siti archeologici e castelli medievali che testimoniano la storia millenaria del paese. Potrai visitare antiche rovine romane, come l'anfiteatro di Durazzo, o esplorare castelli suggestivi come il castello di Berat. La cultura tradizionale albanese è fortemente radicata nel centro del paese. Qui potrai immergerti nelle tradizioni locali, assaggiare la cucina tipica e partecipare a festival e celebrazioni culturali che si tengono durante tutto l'anno. La musica e la danza tradizionali sono parte integrante della vita culturale della regione.

Nel centro dell'Albania troverai anche un'atmosfera autentica e ospitale. I villaggi rurali offrono una prospettiva unica sulla vita quotidiana albanese, con le loro case tradizionali in pietra e l'ospitalità calorosa dei residenti. Potrai immergerti nella vita rurale, partecipare a attività agricole tradizionali e gustare prodotti locali come il formaggio, il miele e l'olio d'oliva.

Infine, la regione centrale è anche nota per i suoi parchi nazionali, come il Parco Nazionale di Divjaka-Karavasta. Queste aree protette offrono habitat naturali unici, che ospitano una vasta gamma di specie vegetali e animali, tra cui molte specie rare e protette.

È un'area ricca di storia, paesaggi mozzafiato e patrimonio culturale. Ecco alcune delle principali destinazioni dell'Albania centrale:

Krujë: Situata a nord di Tirana, Krujë è una città storica con un'importante eredità culturale. È famosa per il suo castello medievale, che ospita il Museo Nazionale di Krujë dedicato a Gjergj Kastrioti Skanderbeg, un eroe nazionale albanese. Il bazar di Krujë è un luogo affascinante per acquistare artigianato tradizionale albanese e prodotti locali.

Berat: Conosciuta come la "Città delle Mille Finestre", Berat è un gioiello dell'architettura ottomana. La città è caratterizzata da case tradizionali ben conservate, chiese antiche e un'imponente fortezza che sovrasta il paesaggio. Berat è un sito protetto dall'UNESCO e offre una vista panoramica spettacolare sulla città vecchia e il fiume Osum.

Apollonia: Situata nella pianura di Myzeqe, Apollonia è un'antica città greca che risale al IV secolo a.C. Il sito archeologico di Apollonia ospita resti di templi, teatri, mura e una biblioteca. È anche il luogo di nascita del filosofo greco Antipatro, insegnante di Augusto.

Lago di Ohrid: Anche se non si trova esattamente nell'Albania centrale, il Lago di Ohrid è una destinazione popolare facilmente raggiungibile dalla regione. È uno dei laghi più antichi e profondi dell'Europa e offre splendide acque azzurre e una ricca biodiversità. Le città di Pogradec e Lin si affacciano sul lago e offrono diverse opportunità per godere del paesaggio e delle attività acquatiche.

L'Albania centrale è una regione che combina storia, cultura, bellezze naturali e accoglienza albanese. Con le sue città affascinanti

Albania centrale

Krujë

Krujë è una storica città situata a circa 32 chilometri a nord di Tirana, la capitale dell'Albania. È uno dei luoghi più visitati del paese grazie alla sua ricca eredità culturale e alla sua posizione panoramica sulle colline circostanti. Ecco cosa rende Krujë una destinazione così speciale:

Castello di Krujë: Il Castello di Krujë è uno dei siti storici più importanti dell'Albania ed è situato sulla cima di una collina rocciosa nella città di Krujë, a circa 30 chilometri a nord di Tirana. Questo antico castello risale al V secolo e ha avuto un ruolo significativo nella storia dell'Albania.
Il castello è famoso per essere stato la roccaforte di Gjergj Kastrioti, conosciuto come Skanderbeg, un eroe nazionale albanese che ha guidato la resistenza contro l'invasione ottomana nel XV secolo. Il Castello di Krujë ha svolto un ruolo cruciale nella difesa del paese e ha resistito agli attacchi delle forze ottomane per quasi tre decenni.
Oggi, il Castello di Krujë è diventato un importante sito turistico che attira visitatori da tutto il mondo. All'interno del castello si trovano diversi edifici e attrazioni, tra cui il Museo Nazionale "Gjergj Kastrioti Skanderbeg", che espone una vasta collezione di oggetti storici legati alla figura di Skanderbeg e alla storia dell'Albania.
Dal edificio si può godere di una vista panoramica spettacolare sulla città di Krujë e sulla valle circostante. Le strette stradine all'interno del castello sono affiancate da negozi di souvenir, ristoranti e caffè, che offrono ai visitatori l'opportunità di immergersi nell'atmosfera storica e di apprezzare l'artigianato locale e la cucina tradizionale albanese.
Il sito è spesso animato da spettacoli e rappresentazioni che celebrano la storia e la cultura albanese. Durante

l'estate, vengono organizzati eventi culturali e musicali all'interno del castello, che aggiungono un tocco di vivacità e autenticità all'esperienza dei visitatori.

Il Castello di Krujë rappresenta un'importante testimonianza storica e culturale dell'Albania. La sua posizione panoramica, la ricca storia e l'atmosfera vibrante lo rendono una tappa imperdibile per chi visita il paese, offrendo una connessione profonda con le radici e l'eredità dell'Albania.

Bazar di Krujë: Il bazar di Krujë è un affascinante quartiere storico situato ai piedi del castello. È uno dei bazar più antichi dell'Albania e offre una varietà di negozi, boutique e bancarelle che vendono prodotti artigianali, come abbigliamento tradizionale, souvenir, gioielli, tappeti e prodotti alimentari locali. È un luogo ideale per immergersi nell'atmosfera tradizionale albanese e fare acquisti unici.

Museo Nazionale di Krujë: Situato all'interno del castello, il Museo Nazionale di Krujë è dedicato alla figura di Gjergj Kastrioti Skanderbeg, un eroe nazionale albanese del XV secolo che guidò la resistenza contro l'Impero Ottomano. Il museo ospita una ricca collezione di armature, armi, dipinti, manoscritti e oggetti storici legati alla vita di Skanderbeg e alla storia dell'Albania medievale.

Moschea di Krujë: Situata nelle vicinanze del bazar, la

Moschea di Krujë è un importante luogo di culto per la comunità musulmana locale. Costruita nel XVII secolo, presenta un'architettura ottomana con un minareto distintivo. È possibile visitare la moschea e ammirarne la bellezza architettonica.

Montagna di Krujë: La città di Krujë è circondata da una catena montuosa che offre numerose opportunità per gli amanti dell'escursionismo e del trekking. Ci sono diversi sentieri che portano a vette panoramiche, come il Monte Sari–Salltik, da cui è possibile godere di una vista spettacolare sulla città e sui dintorni.

Eventi culturali: Krujë è nota per i suoi eventi culturali, tra cui il Festival Nazionale del Folklore, che si svolge ogni anno a luglio. Durante il festival, gruppi di danza e musica tradizionali provenienti da tutta l'Albania si esibiscono per celebrare la ricchezza della cultura albanese.

Krujë è una città affascinante che combina storia, cultura e bellezze naturali. È un luogo ideale per immergersi nella storia albanese, fare acquisti nel tradizionale bazar e godere di panorami spettacolari.

Elbasan

Elbasan è una città situata nella parte centrale dell'Albania, a circa 50 chilometri a sud-est di Tirana. È una delle più grandi città dell'Albania ed è nota per la sua storia millenaria, la sua architettura unica e la sua atmosfera vibrante. Ecco alcune delle caratteristiche più interessanti di Elbasan:

Castello di Elbasan: Il castello di Elbasan è uno dei punti focali della città. Costruito nel IV secolo d.C., è situato su una collina e offre una vista panoramica sulla città e sulla valle circostante. All'interno del castello, si possono ammirare i resti delle mura, delle torri e delle strade medievali. È un luogo affascinante per esplorare la storia di Elbasan.

La via del Korce: Questa è una delle strade principali di Elbasan ed è famosa per la sua architettura tradizionale. Lungo la via del Korce, si trovano case colorate con facciate decorate e caratteristiche tipiche dell'architettura albanese. È un luogo ideale per fare una passeggiata e immergersi nell'atmosfera autentica di Elbasan.

La Moschea di Elbasan: Situata nel centro della città, la Moschea di Elbasan è un importante luogo di culto per la comunità musulmana locale. Costruita nel XV secolo, è caratterizzata da un'architettura ottomana con un minareto distintivo. La moschea è aperta ai visitatori e offre un'opportunità per conoscere la cultura e le tradizioni islamiche dell'Albania.

Anfiteatro romano di Elbasan: Nelle vicinanze della città si trova un antico anfiteatro romano che risale al II secolo d.C. Questo sito archeologico offre una testimonianza della presenza romana nella regione. È possibile esplorare le rovine dell'anfiteatro e immaginare come fosse utilizzato per spettacoli ed eventi.

Fiera di Elbasan: La città è famosa per la sua fiera, che si tiene ogni anno il 22 agosto per celebrare il giorno di San Maria. Durante la fiera, la città si anima di bancarelle, spettacoli, musica e danze tradizionali. È un'opportunità per immergersi nella cultura albanese, assaggiare piatti tipici e acquistare prodotti locali.

Parco Nazionale di Shebenik-Jabllanica: una vasta area naturale con foreste, laghi e una ricca fauna selvatica. È un luogo ideale per gli amanti della natura e offre opportunità per escursioni, trekking e osservazione della fauna.

Elbasan è una città che combina storia, cultura e bellezze naturali. Con la sua ricca eredità storica, le sue attrazioni uniche e la sua animata atmosfera, offre ai visitatori un'esperienza autentica dell'Albania centrale.

19 Nord dell'Albania

Il nord dell'Albania è una regione caratterizzata da paesaggi mozzafiato e una ricca storia culturale. Questa parte del paese è dominata da maestose montagne, gole, fiumi e laghi, offrendo così numerose opportunità per gli amanti della natura e degli sport all'aria aperta.

La regione nordica è famosa per i suoi parchi nazionali, come il Parco Nazionale di Valbona, che offre splendide escursioni tra montagne e valli spettacolari. Qui è possibile camminare lungo sentieri panoramici, attraversare gole e ammirare cascate maestose.

La zona è anche rinomata per i suoi laghi, come il Lago di Koman, che offre una crociera mozzafiato tra maestose scogliere e gole profonde. I fiumi della regione, come il fiume Drin, offrono opportunità per praticare sport acquatici come il kayak e il rafting.

Il nord dell'Albania è anche ricco di tradizioni e cultura. I villaggi montani conservano ancora le loro antiche tradizioni, e visitarli può offrire un'esperienza autentica della vita rurale albanese. La regione è famosa anche per le sue torri di pietra, come la torre di Kulla, che sono state utilizzate nel passato come rifugi per le famiglie.

La cucina del nord dell'Albania è caratterizzata da piatti tradizionali come il fërgesë, una pietanza a base di carne e formaggio, e la tave kosi, un piatto a base di agnello e yogurt. Inoltre, la musica tradizionale del nord è rinomata per la sua bellezza e passione, con strumenti come la çiftelia e il lahuta che accompagnano le esibizioni.

Il nord dell'Albania offre anche numerose attrazioni storiche, come castelli e siti archeologici, che testimoniano la lunga e ricca storia della regione. Questi luoghi includono castelli medievali come il castello di Kruja, che è stato un simbolo di resistenza contro gli invasori ottomani, e siti archeologici come l'anfiteatro di Durazzo, che risale all'epoca romana.

In sintesi, il nord dell'Albania è una regione affascinante che offre paesaggi spettacolari, una ricca cultura e un'abbondanza di avventure all'aperto. Esplorare questa parte del paese ti permetterà di scoprire la bellezza naturale, la storia e la tradizione dell'Albania.

La Pianura di Scutari

La Pianura di Scutari, conosciuta anche come Piana di Scutari o Piana di Shkodra, è una vasta area pianeggiante situata nella parte nord-occidentale dell'Albania, nei pressi della città di Shkodra. È una delle pianure più importanti del paese, con caratteristiche geografiche uniche e una grande importanza economica e ambientale.

La pianura è delimitata dal Lago di Scutari, il più grande lago dei Balcani, che si estende sia in territorio albanese che montenegrino. Questo lago è una delle principali attrazioni della regione, grazie alla sua bellezza scenica e alla ricchezza della sua biodiversità. È una zona umida di importanza internazionale e un habitat ideale per numerose specie di uccelli migratori. I visitatori possono esplorare il lago in barca, ammirare gli affascinanti paesaggi lacustri e osservare diverse specie di uccelli che vivono e migrano in questa zona.

La Pianura di Scutari è rinomata per la sua fertilità e la sua ricca produzione agricola. I terreni pianeggianti e la presenza di numerosi fiumi e canali forniscono un ambiente ideale per l'agricoltura. Qui potrai vedere estesi campi verdi coltivati con frutta, verdura, cereali e vigneti. È una regione di grande importanza per la produzione di prodotti agricoli di alta qualità, come olive, uva, fichi e agrumi. La pianura è attraversata dal fiume Drin, uno dei fiumi più importanti dell'Albania, che ha un ruolo cruciale nel sistema idrico della regione. Il fiume Drin ha un percorso panoramico attraverso la pianura, offrendo bellezze naturali spettacolari, come gole, cascate e zone umide. È anche una destinazione popolare per le attività all'aperto, come il rafting e la pesca.

La città di Shkodra, situata ai margini della Pianura di Scutari, è un importante centro culturale e storico. È una delle città più antiche dell'Albania, con un ricco patrimonio culturale e storico. Qui potrai visitare il Castello di Rozafa, che offre una vista panoramica sulla pianura e sul Lago di Scutari. La città ospita anche numerosi musei, gallerie d'arte e una vivace scena musicale.

Scutari (Shkodra)

Scutari, conosciuta anche come Shkodra, è una città situata nella parte nord-occidentale dell'Albania, vicino al confine con il Montenegro. È una delle città più antiche e culturalmente significative del paese, ricca di storia, bellezze naturali e un patrimonio culturale affascinante. Scutari si trova sulle sponde del Lago di Scutari, il più grande lago dei Balcani. Questa posizione geografica privilegiata conferisce alla città un paesaggio mozzafiato, con una vista panoramica sul lago e sulle montagne circostanti. Il Lago di Scutari è una riserva naturale di importanza internazionale, popolata da numerose specie di uccelli migratori e circondata da zone umide e biodiverse. È un luogo ideale per gli amanti della natura, che possono esplorare il lago in barca, fare escursioni lungo le sue sponde o semplicemente godersi la tranquillità del paesaggio.

Uno dei principali punti di interesse di Scutari è il Castello di Rozafa, situato su una collina che domina la città e il lago. Il castello ha una storia millenaria e offre una vista panoramica spettacolare sulla regione circostante. È un luogo popolare per i visitatori, che possono esplorare le antiche mura, le torri e i resti archeologici all'interno del complesso. La città vecchia è un'altra attrazione imperdibile, con le sue strade acciottolate, le case tradizionali e l'atmosfera autentica. Qui potrai scoprire antiche moschee, chiese, hammam e bazar, che riflettono la diversità culturale e religiosa di Scutari. La Moschea di Ebu Beker, la Cattedrale Cattolica di Scutari e la Chiesa Ortodossa di Scutari sono alcuni dei luoghi di culto più importanti della città.

Scutari è anche conosciuta per la sua scena artistica e culturale. La città ospita numerosi musei e gallerie d'arte, tra cui il Museo Marubi, che conserva una vasta collezione di fotografie storiche, e il Museo della Cattedrale di Scutari, che espone reperti religiosi e artistici. Durante tutto l'anno si tengono anche eventi culturali, come festival di musica, teatro e danza, che arricchiscono la vita culturale della città.

Infine, Scutari è famosa per la sua gastronomia tradizionale. Potrai assaggiare piatti deliziosi e autentici, come il "rosto", un piatto a base di carne e verdure, e i dolci locali come la "ballokume" e il "kulaç". Ci sono anche numerosi ristoranti e caffè dove potrai gustare la cucina locale e sperimentare l'ospitalità albanese.

Il Lago di Scutari

Il Lago di Scutari, conosciuto anche come Lago di Shkodra, è il più grande lago dei Balcani e si trova al confine tra l'Albania e il Montenegro. È una meraviglia naturale di straordinaria importanza e una delle principali attrazioni della regione.
Il lago si estende su una superficie di circa 370 km², di cui circa due terzi appartengono all'Albania e un terzo al Montenegro. È circondato da un paesaggio spettacolare, con montagne, colline verdi e paludi che creano un ambiente unico e suggestivo. Il lago è alimentato da diversi fiumi, tra cui il Drin, e si svuota nel mar Adriatico attraverso il fiume Buna.

Una delle caratteristiche distintive del Lago di Scutari è la sua biodiversità eccezionale. È una zona umida di importanza internazionale e una riserva naturale protetta. Il lago e le sue zone umide circostanti ospitano una vasta gamma di flora e fauna, inclusi numerosi uccelli migratori. È un vero paradiso per gli amanti degli uccelli, con

85

oltre 270 specie di uccelli che visitano la zona durante le migrazioni.

Una delle attrazioni principali del Lago di Scutari è la possibilità di fare escursioni in barca. Ci sono diverse imbarcazioni disponibili per i visitatori che desiderano esplorare il lago e ammirare le sue bellezze naturali. Durante il tour in barca, potrai ammirare le acque cristalline del lago, le isole pittoresche e le rive ricoperte di vegetazione. Molte delle isole del lago, come l'Isola di Vranjina e l'Isola di Grmozur, offrono rifugi per la fauna selvatica e sono luoghi perfetti per una sosta e una breve passeggiata.

Oltre alle escursioni in barca, il Lago di Scutari offre anche opportunità per altre attività all'aria aperta. Potrai fare escursioni a piedi o in bicicletta lungo le sponde del lago o nelle aree circostanti, immergendoti nella natura incontaminata e godendo dei panorami mozzafiato. Ci sono anche spiagge lungo le sponde del lago, come Shiroka e Zogaj, dove potrai rilassarti, nuotare e prendere il sole durante i mesi estivi.

La regione del Lago di Scutari è anche famosa per la sua cucina tradizionale. Potrai gustare piatti a base di pesce fresco, come anguilla, carpa e persico, preparati con ricette tradizionali. Ci sono ristoranti e taverne lungo le sponde del lago che offrono specialità locali, offrendoti l'opportunità di sperimentare i sapori autentici della regione.

Velipoja

Velipoja è una popolare località balneare situata sulla costa dell'Albania nord-occidentale, nel distretto di Shkodra. È una delle destinazioni più amate dai turisti e dai locali, grazie alle sue splendide spiagge e alla bellezza naturale circostante.

La spiaggia di Velipoja è caratterizzata da ampie distese di sabbia fine e acque cristalline. Si estende per diversi chilometri lungo la costa, offrendo spazio sufficiente per rilassarsi, prendere il sole e godersi il mare. Le acque poco profonde e tranquille rendono questa spiaggia adatta anche alle famiglie con bambini. Inoltre, la presenza di stabilimenti balneari lungo la spiaggia offre servizi come ombrelloni, lettini e ristoranti, rendendo l'esperienza ancora più confortevole.

Oltre alla spiaggia, Velipoja offre la possibilità di esplorare la sua riserva naturale. La Riserva Naturale di Velipoja è una vasta area di paludi, dune sabbiose e canali fluviali che ospitano una varietà di flora e fauna. È un ambiente unico e protetto, ideale per escursioni a piedi o in bicicletta. Potrai osservare specie di uccelli migratori, come fenicotteri rosa, aironi e cormorani, che trovano rifugio in quest'area durante le loro migrazioni.

Nelle vicinanze di Velipoja si trova anche il Fiume Buna, uno dei fiumi più importanti dell'Albania. Il fiume attraversa la regione, creando un paesaggio affascinante. Potrai fare escursioni in barca lungo il fiume, ammirare la flora e la fauna lungo le sue rive e visitare la suggestiva Foce del Fiume Buna, dove il fiume si unisce al Mar Adriatico.

Nord dell'Albania

Velipoja è anche rinomata per la sua gastronomia. La cucina locale offre piatti a base di pesce fresco, come anguilla e carpa, ma anche specialità di carne e piatti tradizionali albanesi. I ristoranti lungo la costa servono piatti deliziosi e autentici, offrendo un'esperienza culinaria memorabile.

Durante la stagione estiva, Velipoja si anima con eventi e festival che attirano visitatori da tutto il paese. Puoi partecipare a feste in spiaggia, concerti, spettacoli folkloristici e altre attività culturali che ti permetteranno di immergerti nella vivace atmosfera locale.

Lezhë

Lezhë, è una città situata nella parte nord-occidentale dell'Albania, sulle rive del Mar Adriatico. È una delle città più antiche del paese, ricca di storia, cultura e attrazioni interessanti.

Uno dei principali punti di interesse di Lezhe è il Castello di Lezhe, situato su una collina che domina la città. Il castello ha una storia millenaria e offre una vista panoramica sulla città, sul mare e sulla campagna circostante. All'interno del castello, puoi visitare il Museo di Lezhe, che espone reperti archeologici e oggetti storici legati alla storia della regione.

Un'altra attrazione importante di Lezhe è la Moschea di Lezhe, una delle moschee più antiche dell'Albania. Costruita nel 1481, la moschea è un esempio significativo di architettura islamica e rappresenta un importante centro di culto per la comunità musulmana locale.

La città di Lezhe è anche legata alla figura storica di Gjergj Kastrioti Skanderbeg, un eroe nazionale albanese del XV secolo. Il Mausoleo di Skanderbeg si trova proprio a Lezhe e rappresenta un importante monumento dedicato a questo leader militare. All'interno del mausoleo, puoi apprendere di più sulla vita e le imprese di Skanderbeg attraverso esposizioni e reperti storici.

Lezhe offre anche splendide spiagge sul Mar Adriatico. La spiaggia di Shengjin è una delle più famose della zona, con sabbia dorata e acque cristalline. È un luogo ideale per rilassarsi, prendere il sole e fare una nuotata rinfrescante durante i mesi estivi.

La città di Lezhe è anche famosa per la sua tradizione culinaria. Potrai gustare piatti tipici albanesi, come il fërgesë, un piatto a base di carne e peperoni, o il tavë kosi, un gratinato di agnello con salsa di yogurt. Ci sono numerosi ristoranti e caffè dove potrai assaggiare queste prelibatezze locali e sperimentare l'ospitalità albanese.

Lezhe è inoltre un punto di partenza ideale per esplorare altre attrazioni della regione. Puoi visitare il Parco Nazionale di Kelmend, situato nelle montagne circostanti, che offre paesaggi spettacolari e opportunità per escursioni, trekking e attività all'aria aperta.

In conclusione, Lezhe è una città che offre una combinazione affascinante di storia, cultura, bellezze naturali e spiagge incantevoli. Se visiti questa zona dell'Albania, non perderti l'opportunità di esplorare Lezhe e le sue attrazioni uniche.

Shengjin

Shengjin è una popolare località balneare situata lungo la costa nord-occidentale dell'Albania, nel distretto di Lezhe. È una meta turistica amata sia dai visitatori internazionali che dai locali, grazie alle sue belle spiagge e alle acque cristalline del Mar Adriatico.

La spiaggia di Shengjin è caratterizzata da una lunga distesa di sabbia dorata, ideale per rilassarsi, prendere il sole e fare lunghe passeggiate lungo la costa. Le acque del mare sono calde e invitanti, rendendo la zona perfetta per nuotare, fare snorkeling e praticare una varietà di sport acquatici.

Lungo la spiaggia di Shengjin, troverai numerosi stabilimenti balneari, ristoranti, bar e caffè che offrono servizi per il relax e il divertimento dei visitatori. Potrai noleggiare lettini e ombrelloni per goderti il sole e il mare in tutta comodità, mentre i ristoranti e i bar ti offriranno deliziosi piatti di pesce fresco e altre specialità albanesi.

Oltre alla spiaggia, Shengjin offre anche opportunità per esplorare l'entroterra circostante. Potrai fare escursioni nelle montagne vicine, visitare le cascate di Shengjin e immergerti nella natura incontaminata della zona. Ci sono anche tour in barca disponibili per esplorare la costa, le grotte marine e le isole circostanti.

Durante l'estate, Shengjin ospita vari eventi e festival che attraggono visitatori da tutto il paese. Potrai partecipare a concerti, spettacoli folkloristici, feste in spiaggia e altre attività culturali che ti permetteranno di immergerti nell'atmosfera vivace e festosa della località.

Se desideri esplorare oltre Shengjin, potrai visitare la vicina città di Lezhe, con le sue attrazioni storiche e culturali, tra cui il Castello di Lezhe e il Mausoleo di Skanderbeg.

20 Alpi albanesi

Le Alpi albanesi sono una catena montuosa situata nella parte settentrionale dell'Albania. Con vette imponenti, paesaggi spettacolari e una ricca biodiversità, le Alpi albanesi sono una destinazione popolare per gli amanti della natura, degli sport all'aria aperta e del trekking.

La cima più alta delle Alpi albanesi è il Monte Korab, che raggiunge un'altitudine di 2.764 metri ed è anche la montagna più alta del paese. Salire sul Monte Korab è una sfida affascinante per gli escursionisti e gli alpinisti, offrendo viste panoramiche mozzafiato sulla regione circostante.

Le Alpi albanesi sono attraversate da numerosi sentieri escursionistici che permettono di esplorare la bellezza naturale della regione. Il Parco Nazionale di Theth è una delle principali attrazioni delle Alpi albanesi. Questo parco offre paesaggi alpini spettacolari, con valli profonde, cascate, gole e fiumi. È possibile fare escursioni lungo sentieri ben segnalati che conducono a luoghi come la Gola di Grunas e la Cascata di Theth, che sono tra le attrazioni più famose della zona.

Un'altra area di grande bellezza naturale nelle Alpi albanesi è il Parco Nazionale di Valbona. Questo parco è caratterizzato da valli verdi, foreste lussureggianti e panorami mozzafiato. È un luogo ideale per fare escursioni, campeggiare e praticare sport all'aria aperta.

Le Alpi albanesi sono anche sede di numerosi villaggi tradizionali che offrono un'esperienza autentica e l'opportunità di scoprire la cultura e le tradizioni locali. Villaggi come Theth, Valbona e Koman sono noti per le loro case tradizionali, la cucina locale e l'ospitalità degli abitanti del luogo.

In conclusione, le Alpi albanesi offrono una meravigliosa combinazione di bellezze naturali, avventura e cultura. Sia che tu sia un amante del trekking, desideri esplorare i parchi nazionali o semplicemente immergerti nella tranquillità dei villaggi tradizionali, le Alpi albanesi sono una destinazione ideale per vivere un'esperienza indimenticabile.

Theth

Theth è un affascinante villaggio situato nelle Alpi albanesi, nel nord del paese. È una delle destinazioni più popolari per gli amanti della natura e degli sport all'aria aperta, grazie ai suoi paesaggi mozzafiato, alle tradizioni rurali e alle numerose opportunità di escursioni.

Il villaggio di Theth è immerso in una valle alpina circondata da maestose montagne e ricca di flora e fauna. È famoso per la sua bellezza naturale e per la sua atmosfera autentica, che conserva ancora molte tradizioni e stili di vita rurali.

Una delle attrazioni principali di Theth è la Cascata di Theth, una cascata spettacolare che si trova a pochi chilometri dal villaggio. È possibile fare una passeggiata fino alla cascata attraverso sentieri ben segnalati e ammirare la bellezza del paesaggio circostante.

Theth è anche il punto di partenza per numerose escursioni ed esperienze avventurose. Il percorso escursionistico più famoso è il Sentiero di Valbona, che collega Theth al vicino villaggio di Valbona attraverso panorami mozzafiato e paesaggi alpini. Questo sentiero richiede una buona preparazione fisica ma offre un'esperienza indimenticabile per gli amanti del trekking.

Nel villaggio di Theth, avrai l'opportunità di immergerti nella cultura locale e scoprire le tradizioni rurali albanesi. Potrai visitare le tradizionali torri di pietra, che un tempo servivano come rifugi per le famiglie locali durante le faide, e ammirare l'architettura tradizionale delle case di legno. Theth offre anche un'ospitalità calorosa, con numerose guesthouse e ristoranti che offrono piatti tradizionali albanesi preparati con ingredienti locali.

Durante il tuo soggiorno a Theth, potrai anche partecipare a attività come l'esplorazione di grotte, il rafting sul fiume o semplicemente goderti la bellezza del paesaggio e la tranquillità del villaggio.

I lago di Koman è un meraviglioso lago artificiale situato nella regione settentrionale dell'Albania, circondato da maestose montagne e paesaggi spettacolari. È considerato uno dei luoghi più suggestivi del paese e offre un'esperienza unica per i visitatori.

Il lago di Koman è stato creato a seguito della costruzione di una diga sul fiume Drin, nella valle di Koman. Le acque cristalline del lago si estendono tra le ripide pareti delle montagne, creando uno scenario pittoresco e affascinante. La navigazione sul lago di Koman è una delle attrazioni principali della zona e offre un'opportunità straordinaria per ammirare la bellezza naturale e rilassarsi in un ambiente tranquillo.

I traghetti sul lago di Koman sono un mezzo di trasporto molto popolare per i locali e i turisti, permettendo di esplorare i dintorni e raggiungere le aree più remote della regione. Durante il tragitto, potrai ammirare le pareti rocciose che si ergono dalle acque, i villaggi nascosti tra le montagne e la vegetazione lussureggiante lungo le sponde del lago.

La navigazione sul lago di Koman è considerata un'esperienza unica nel suo genere, offrendo la possibilità di immergersi nella natura incontaminata, osservare gli uccelli e godere dei panorami spettacolari lungo il percorso. Lungo il tragitto, potrai anche scendere a terra e visitare alcuni villaggi tradizionali, come Fierzë e Koman, che conservano ancora le loro tradizioni e il loro fascino rurale.

Il lago è anche un punto di partenza ideale per escursioni e attività all'aperto. La regione circostante offre sentieri escursionistici, passeggiate panoramiche e la possibilità di esplorare luoghi affascinanti come la Gola di Rugova e la Riserva Naturale di Valbona. Gli amanti della natura troveranno numerosi punti di interesse lungo il percorso, come cascate, gole e boschi.

La Valle di Valbona è una valle alpina spettacolare situata nelle Alpi albanesi, nella parte settentrionale del paese. È una delle destinazioni più popolari per gli amanti della natura, degli sport all'aria aperta e del trekking.

La valle è caratterizzata da paesaggi mozzafiato, con imponenti montagne, verdi valli, fiumi e laghi. È circondata da cime montuose che raggiungono altezze considerevoli, come il Monte Jezerca, la vetta più alta delle Alpi albanesi.

La Valle di Valbona è un paradiso per gli escursionisti, con numerosi sentieri ben segnalati che conducono a luoghi di grande bellezza. Il sentiero più famoso è il Sentiero di Valbona, che collega la Valle di Valbona al villaggio di Theth attraverso paesaggi spettacolari. Questo sentiero offre viste panoramiche, attraversa gole e cascate, e offre l'opportunità di immergersi nella natura incontaminata della zona.

Durante il percorso, gli escursionisti possono fermarsi in rifugi lungo il tragitto per riposarsi e godere dell'ospitalità locale. I rifugi offrono cibo tradizionale albanese e la possibilità di trascorrere la notte immersi nella bellezza delle montagne.

La valle a è anche sede di una comunità rurale con un'atmosfera autentica e tradizioni rurali ancora vive. I visitatori hanno l'opportunità di incontrare gli abitanti locali, scoprire la loro cultura, la loro cucina e le loro tradizioni. La zona è famosa per la sua ospitalità calorosa e accogliente.

Oltre al trekking, nella Valle di Valbona è possibile praticare una serie di attività all'aria aperta, come escursioni in mountain bike, arrampicata su roccia, pesca e kayak. La bellezza naturale della valle offre un ambiente ideale per queste attività, permettendo ai visitatori di godere appieno dell'avventura e dell'esplorazione.

Kukës è una città situata nella regione settentrionale dell'Albania, ai piedi delle Alpi albanesi. È una città affascinante che ha vissuto una storia ricca di avvenimenti storici e che offre ai visitatori la possibilità di esplorare la bellezza naturale della regione.

La città di Kukës è stata ampiamente ricostruita dopo la seconda guerra mondiale e la distruzione causata dal regime comunista. Oggi è un centro urbano moderno con una vivace atmosfera, ma conserva ancora tracce del suo passato storico.

Una delle attrazioni principali di Kukës è il Lago di Fierza, un lago artificiale formato dalla diga sul fiume Drin. Il lago offre la possibilità di praticare sport acquatici, come la vela, il kayak e la pesca. Le sue acque tranquille e i panorami mozzafiato lo rendono un luogo ideale per rilassarsi e godere della natura.

Nei dintorni di Kukës, si possono trovare numerosi sentieri escursionistici che conducono a paesaggi spettacolari.

La zona è nota per le sue valli verdi, le montagne imponenti e i fiumi cristallini. Gli amanti del trekking troveranno molte opportunità per esplorare la natura incontaminata e godere di panorami mozzafiato lungo i sentieri.

La città di Kukës offre anche alcuni siti storici di interesse. Il Museo di Kukës, ad esempio, racconta la storia della città e della regione attraverso esposizioni e oggetti storici. La Moschea di Kukës, costruita nel XVI secolo, è un altro punto di interesse che rappresenta il patrimonio culturale e religioso della città.

Kukës è anche un punto di partenza ideale per esplorare altre destinazioni nelle vicinanze. Ad esempio, il Parco Nazionale di Valbona.

Alpi albanesi

21 Guida pratica su come viaggiare in sicurezza in Albania

L'Albania è un paese sicuro per i visitatori, ma è sempre consigliabile prendere precauzioni di base come fare attenzione ai propri effetti personali e tenere al sicuro i documenti di viaggio. In caso di emergenza, chiama il numero di emergenza locale (112).

Documenti:

I cittadini italiani non hanno bisogno di un visto per entrare in Albania. È sufficiente avere un passaporto valido per almeno sei mesi oltre la data di partenza prevista. Tuttavia, assicurati di verificare le ultime informazioni sulle norme di ingresso prima di partire.

Per viaggiare in Albania, sono generalmente necessari i seguenti documenti:

1. **Passaporto:** I cittadini stranieri che desiderano visitare l'Albania devono avere un passaporto valido. Si consiglia di verificare che il passaporto abbia una validità residua di almeno 6 mesi a partire dalla data di arrivo prevista in Albania.
2. **Visto:** La maggior parte dei visitatori provenienti da paesi europei, compresi gli stati membri dell'Unione Europea, non ha bisogno di un visto per un soggiorno turistico di breve durata in Albania. La durata del soggiorno consentito senza visto varia in base alla nazionalità. Tuttavia, è sempre consigliabile verificare i requisiti specifici del visto per il proprio paese di residenza prima di viaggiare.

98

3. **Carta d'identità:** I cittadini dell'Unione Europea possono viaggiare in Albania anche con una carta d'identità valida invece di un passaporto. Tuttavia, è sempre consigliabile portare con sé il passaporto per evitare eventuali complicazioni o richieste di documentazione aggiuntiva.

4. **Assicurazione viaggio:** Sebbene non sia obbligatoria, è consigliabile ottenere un'assicurazione viaggio che copra eventuali spese mediche, evacuazione sanitaria e perdita di bagagli durante il soggiorno in Albania. L'assistenza sanitaria potrebbe essere costosa per i visitatori stranieri, quindi un'assicurazione viaggio adeguata fornisce una tranquillità supplementare.

Si consiglia inoltre di verificare le ultime informazioni sulle procedure di ingresso e i requisiti del visto presso l'ambasciata o il consolato dell'Albania nel proprio paese di residenza prima di intraprendere il viaggio. Le norme e i requisiti di ingresso possono variare e possono essere soggetti a modifiche.

 ## I trasporti in Albania

Per raggiungere l'Albania, puoi considerare il volo verso l'aeroporto internazionale di Tirana "Nënë Tereza". Una volta in Albania, puoi utilizzare gli autobus per spostarti tra le città principali o noleggiare un'auto per maggiore libertà di movimento. Assicurati di guidare con cautela, in quanto le condizioni delle strade possono variare.

1. **Auto:** L'autonoleggio è una scelta popolare per esplorare l'Albania in modo indipendente. Le strade principali sono

Guida pratica

99

generalmente in buone condizioni, ma è consigliabile essere prudenti sulle strade di campagna, poiché potrebbero essere meno manutenute. È importante notare che la guida può essere caotica nelle grandi città come Tirana, con un traffico intenso e parcheggi limitati.

2. **Autobus:** Il sistema di trasporto pubblico in Albania è ben sviluppato e gli autobus collegano le principali città e località turistiche. Le compagnie di autobus private offrono una vasta rete di collegamenti. Tuttavia, gli autobus potrebbero non essere sempre puntuali e i tempi di viaggio possono essere più lunghi rispetto ad altre opzioni di trasporto.

3. **Treni:** La rete ferroviaria in Albania è limitata, ma esistono collegamenti tra le principali città, come Tirana, Shkodër, Durrës e Valona. Tuttavia, i treni possono essere lenti e non sempre efficienti. È consigliabile verificare gli orari e le condizioni dei treni in anticipo.

4. **Taxi:** I taxi sono ampiamente disponibili nelle città e sono un'opzione comoda per gli spostamenti locali.

5. **Noleggio biciclette:** In alcune località turistiche, è possibile noleggiare biciclette per esplorare la zona in modo ecologico. Ci sono anche tour organizzati in bicicletta che offrono l'opportunità di scoprire l'Albania attraverso itinerari panoramici.

6. **Traghetti:** Se desideri visitare le isole albanesi come Saranda o Ksamil, puoi prendere un traghetto dal continente. I

traghetti collegano l'Albania con l'Italia e le isole albanesi tra loro.

È importante notare che il sistema di trasporto in Albania potrebbe non essere così efficiente come in altri paesi europei. Gli orari potrebbero non essere sempre precisi e può esserci una certa mancanza di informazioni in lingua inglese. Tuttavia, con una pianificazione adeguata, è possibile spostarsi in modo sicuro ed efficiente all'interno del paese.

La sanità in Albania

Il sistema sanitario in Albania ha fatto progressi significativi negli ultimi anni, ma ci sono ancora alcune considerazioni da tenere a mente per i viaggiatori.
Gli ospedali pubblici e privati sono presenti in tutto il paese, con strutture mediche di base disponibili anche nelle aree rurali. Tuttavia, la qualità delle strutture e dei servizi sanitari può variare. Le strutture mediche nelle principali città, come Tirana, offrono generalmente standard migliori rispetto alle zone rurali.
Per quanto riguarda l'assistenza sanitaria, è consigliabile ottenere un'assicurazione viaggi che copra le spese mediche, inclusa l'evacuazione sanitaria in caso di emergenza. In caso di bisogno di cure mediche durante il viaggio, è consigliabile contattare l'assicurazione viaggi per ottenere assistenza e indicazioni su quali strutture mediche visitare.

È importante notare che i servizi sanitari in Albania possono richiedere pagamenti anticipati in contanti o carta di credito. Pertanto, è consigliabile essere pronti a coprire le spese mediche personali e conservare le ricevute per eventuali richieste di rimborso successivamente.

Per quanto riguarda le emergenze mediche, il numero di emergenza in Albania è il 127. Tuttavia, è consigliabile avere a disposizione un elenco di numeri di contatto di ambasciate o consolati locali nel caso di situazioni di emergenza più gravi.

Guide linguistiche in Albania

In Albania, l'albanese è la lingua ufficiale ma l'inglese è parlato e capito in molte zone, soprattutto nei luoghi turistici.

Alcuni hotel, ristoranti e negozi potrebbero avere personale che parla altre lingue, come il russo, il rumeno, il francese e troveremo anche molti che parlano l'italiano.

Ricordiamoci quindi che se non siamo pratici in inglese è meglio partire attrezzati con un traduttore o un vocabolario per evitare problemi di comunicazione.

La valuta usata in Albania e come organizzarsi al meglio per i pagamenti

La valuta ufficiale dell'Albania è il lek albanese (simbolo: Lek). Il lek è suddiviso in 100 qindarka, ma le qindarka non sono più in circolazione dal 1996. Le monete attualmente in circolazione sono da 1, 5, 10, 20, 50 e 100 lekë, mentre le banconote sono disponibili in tagli da 200, 500, 1000, 2000 e 5000 lekë.

È importante notare che l'utilizzo di carte di credito e prepagate è sempre più diffuso nelle aree turistiche e nelle grandi città in Albania. Tuttavia, in alcune zone più remote o nei piccoli esercizi commerciali, potrebbe essere preferibile utilizzare contanti.

È possibile cambiare valuta presso le banche, gli uffici di cambio o gli sportelli automatici ATM, che sono facilmente disponibili nelle principali città e località turistiche. È consigliabile portare con sé anche una piccola quantità di denaro contante in euro o dollari statunitensi, in quanto potrebbe essere utile in alcune situazioni, come pagare piccoli acquisti o utilizzare servizi di trasporto locale.

Prima di viaggiare in Albania, è consigliabile verificare il tasso di cambio e informarsi sulle commissioni applicate per il cambio di valuta nelle banche o negli uffici di cambio. Inoltre, è sempre utile informarsi presso la propria banca o istituto finanziario prima di partire, per conoscere le opzioni e le tariffe relative al prelievo di contanti con carte di credito o bancomat all'estero.

Ricorda che, sebbene l'euro sia ampiamente accettato in alcune aree turistiche, la valuta ufficiale del paese è il lek albanese, pertanto è consigliabile avere a disposizione la valuta locale per evitare eventuali complicazioni o tassi di cambio sfavorevoli.

Guida pratica

Conclusioni sull'Albania

L'Albania, con la sua straordinaria bellezza naturale, il patrimonio culturale e l'ospitalità del suo popolo, offre una destinazione turistica unica. Dai maestosi picchi delle montagne albanesi alla costa bagnata dalle acque cristalline dell'Adriatico e dell'Ionio, il paesaggio albanese cattura l'immaginazione di chiunque lo visiti.

L'Albania vanta una natura incontaminata, con parchi nazionali come il Parco Nazionale di Llogara e il Parco Nazionale di Theth che offrono incredibili opportunità per escursioni, trekking e avventure all'aperto. Le splendide spiagge, come la spiaggia di Ksamil e la spiaggia di Dhermi, attirano i bagnanti in cerca di sole, mare e relax.

Ma l'Albania non è solo una destinazione per gli amanti della natura. Il paese è intriso di una ricca storia e cultura. Antichi siti archeologici come Apollonia, un tempo un importante centro culturale dell'Impero romano, e Butrinto, una città greco-romana ben conservata, testimoniano la grandezza del passato albanese.

Le città albanesi, come Tirana, la vivace capitale del paese, offrono una miscela affascinante di architettura moderna e tradizionale, mercati vivaci, caffè accoglienti e una scena culinaria ricca di sapori unici.

Ma ciò che rende davvero speciale l'Albania è la sua gente. Gli albanesi sono noti per la loro ospitalità, cordialità e generosità. I visitatori sono accolti a braccia aperte e trattati come parte della famiglia.

In definitiva, l'Albania è un tesoro da scoprire. Con la sua natura stupefacente, il suo patrimonio culturale e la sua gente calorosa, offre un'esperienza di viaggio indimenticabile. Che tu sia un amante della natura, un appassionato di storia o semplicemente desideri immergerti in una cultura vibrante, l'Albania è pronta ad accoglierti a braccia aperte.

Un paese unico da visitare, non solo per la sua bellezza naturale, ma anche per l'immenso patrimonio storico-culturale, religioso e spirituale. Accompagnati da scenari mozzafiato avremo modo di riscoprire la storia e tappe importanti della civiltà occidentale, cristiana e medio-orientale. Visitare i luoghi degli albori delle prime civiltà umane, dei primi riti cristaini, delle dominazioni bizantine e romane, e dei califfati islamici in un incrocio di storie e mondi unico e veramente imperdibile.

Printed by Amazon Italia Logistica S.r.l.
Torrazza Piemonte (TO), Italy

51314744R00060